# LA TRAVERSÉE
# DU MOZAMBIQUE
# PAR TEMPS CALME

## Du même auteur

Décidément rien
*poèmes*
*Librairie-Galerie Racine, 2001*

Les Béquilles
*roman*
*Maurice Nadeau, 2004*

Un vigile
*roman*
*Maurice Nadeau, 2005*

Blanche
*roman*
*Seuil, 2006*

*Fiction & Cie*

Patrice Pluyette

# LA TRAVERSÉE DU MOZAMBIQUE PAR TEMPS CALME

*roman*

*Seuil*

*27, rue Jacob, Paris VI^e^*

COLLECTION
« *Fiction & Cie* »
fondée par Denis Roche
dirigée par Bernard Comment

L'auteur remercie le Centre national du Livre
pour la bourse qui lui a été accordée.

ISBN 978-2-02-094576-9



www.seuil.com

*à Blandine*

PROLOGUE

## *Où nous découvrons les personnages et l'existence de Païtiti*

## *1. Le commencement*

Le maire a terminé son discours et transpire du front ; midi approche. Un vent frais souffle de l'ouest mais compte tenu des précipitations récentes qui ont rincé la région on s'estime heureux, la mer est calme et la foule se presse autour de l'embarcation. Dans l'embarcation Hug-Gluq est blond, il paraît grand et se tient à l'arrière du bateau, la main gauche sur la taille, l'autre contre un objet proche, successivement le mât et la malle ; on dirait qu'il va poser pour un magazine de voile ou donner un ordre tant son regard est vivant, en réalité il attend de savoir ce qu'il doit faire en regardant son capitaine, lequel salue la foule. Negook, le frère de Hug-Gluq, est parti voir si par hasard il ne trouverait pas dans le bazar une guitare de voyage bon marché et le capitaine commence à se rendre compte qu'il a engagé deux nigauds.

C'est étonnant l'histoire de ces deux types. Originaires d'une tribu indienne du nord de l'Alaska, ils passent leur enfance à suivre les histoires des ancêtres chasseurs d'ours sous la tente du grand-père quand, un fin duvet ombrageant le renfoncement de la lèvre supérieure (ils ont à peine douze ans), ils partent à leur tour chasser l'ours. Les battues durent des semaines, des mois, et toujours ils reviennent saufs ; on leur reconnaît l'indéniable qualité du chasseur d'ours : l'honnête bravoure. À force de manier la lance ils deviennent beaux, s'épaississent, forcissent ; lors des veillées autour du feu l'éclat rougeâtre des flammes lèche le galbe de leurs muscles, les pucelles pâlissent. Ils sont taillés comme des Grecs. On leur promet les plus belles femmes, les plus belles ouvertures pour finir chef de tribu, mais rien n'y fait : humbles et professionnels, ils déclinent ces avances, prétextant l'ascèse comme seul moyen de continuer à chasser l'ours honorablement. Un jour, la quiétude du camp est troublée par l'arrivée intempestive d'une bande de jeunes hippies venant de l'Iowa. Ils initient les deux chasseurs aux rudiments fumeux de la liberté individuelle ; la tribu voit ça d'un mauvais œil et elle a raison, désormais les deux chasseurs ne reviendront plus, fini, ras le bol de toute cette vie, on veut connaître le monde. Épaulés par la bande aux cheveux sur l'épaule, les deux chasseurs, dont les cheveux ne sont pas plus courts, apprennent que la terre est ronde, peuplée de gens différents – le grand-père a raconté n'importe quoi. On fait le tour des bars. Des squats. On connaît des filles. En calèche on roule sur des routes interminables bordées de fleurs. On chante. On aime les couleurs vives. Le rouge, le jaune, le vert très clair. Un jour une des filles disparaît. On accuse Untel d'avoir abusé d'elle. Il vaut mieux se quitter. À New York on se dit au revoir, peut-être à un de ces jours, nos deux types embarquent clandestinement à bord d'un cargo pour l'Europe, couchés sur le flanc dans une cage de la dernière soute, déguisés en barzoïs. Ils échouent en Allemagne presque morts, sans avoir ni mangé, ni bougé, ni ri depuis douze jours. L'un des gars de la bande leur a filé l'adresse de son ancien correspondant de première langue en classe supérieure de collège, ça se peut qu'il n'habite plus là, essayez voir quand même. Ils essayent. Helmut n'habite plus chez nous, dit effectivement la mère, il voyage à bord d'une roulotte avec des amis et s'est mis en tête de monter un cirque. Helmut est jongleur. On le trouve sur une place de village avec ses amis en train de jongler. Ils sont embauchés comme monteurs et démonteurs de chapiteau, logés nourris blanchis pendant deux ans. On leur apprend à lire et à compter sur les tickets d'entrée. Puis le cirque fait faillite. Lors d'une représentation, en maniant quatre torches enflammées, Helmut se brûle le visage au troisième degré. Cela fiche un sacré coup de bourdon à la compagnie, il y a des démissions. Tout s'écroule. Même le chapiteau, à une autre représentation. Nos Indiens partent pour Londres, ils y dorment sur le pavé, vue sur la Tamise, c'est l'automne. Vent, pluie. On s'abrite sous des journaux. À la fin d'un supplément week-end du journal qui sert accessoirement de capuche à l'un d'eux, une annonce leur saute aux yeux : « Cherche homme(s) de bras et d'esprit pour un voyage au long cours, aucune qualification requise, peureux s'abstenir. » Ils se rendent sur place. C'est tout à fait ce qu'il leur faut. Ils attendaient une grande aventure.

## *2. Le commencement, un peu plus*

Tout en saluant la foule du plat de la main, paume droite face au public et coude relevé à hauteur d'épaule, cependant que l'épaule ne bouge même pas (l'avant-bras, effectuant de droite à gauche de l'espace un quart de cercle net, entretient l'illusion, pour qui veut bien se tenir de profil à la scène, que le corps astique une vitre), le capitaine cherche Negook des yeux. Avec ce monde, il n'est pas près de revenir.

Les gens se serrent pour avancer, il y a des mouvements de foule, une femme à barbe, deux magiciens turcs, des nains jongleurs, un caniche sachant compter jusqu'à cent ; emporté par ces vagues vous vous retrouvez parfois à l'opposé de là où vous vouliez aller, puis la vague vous ramène au point de départ, vous n'avancez pas, vous absorbez l'odeur des gens sur votre peau, dans vos cheveux, les enfants ont encore plus de mal à traverser que vous, ils se font piétiner, certains portent à la main des gobelets en carton remplis à ras bord ou des sandwiches et c'est encore plus compliqué, plus long.

Negook se repère au son de la fanfare même si, avec le vent, le son de la fanfare tourne. Il paraît qu'un cracheur de feu donne un spectacle quelque part, mais Negook n'a plus le temps de vérifier si c'est Helmut, il a trouvé ce qu'il voulait et maintenant il doit rentrer, le départ est imminent, son cœur se serre à l'idée du voyage qui l'attend ; il aimerait le retarder encore une fois, trouver un prétexte pour ne pas partir, ni aujourd'hui ni demain car la mer le tétanise, mais derrière le capitaine il aperçoit son frère sur le pont, droit, et rien que pour lui il se presse.

Le capitaine se nomme Belalcazar et porte une cape. La cape ne bouge pas. Le regard de l'homme non plus mais nous verrons que si. Ses yeux sont verts, d'un vert romantique, changeant suivant le temps – les femmes en raffolent ; ils se perdent au loin et le reflet des nuages sur fond gris-blanc imprime un négatif dans la pupille noire, donnant à l'œil un éclat de vie bienvenu quand on sait l'immobilité du visage. Le reflet venant à s'étendre au reste du globe, débordant vers la sclérotique en y faisant poindre à la surface le passage d'ombres informes et mouvantes, une interrogation s'impose quant à la réelle intention et la nature du personnage, rendu moins innocent par le phénomène optique susdit, plus louche, à moins d'y voir un phénomène ophtalmologique isolé, très répandu certes, inoffensif bien que gênant, d'importance variable suivant le patient, appelé corps flottant.

Il aime tout un tas de choses : dormir sur le ventre, chiner, lire des vieux livres, employer le mot bouquin au lieu du mot livre parce que ça fait plus cool, s'habiller chic, rester au lit quand il pleut, sortir marcher quand il fait beau, l'odeur du jasmin, avoir une table de nuit sans rien dessus, ouvrir la fenêtre en hiver, faire volte-face en tournant vers la droite, manger chaud en semaine, les progrès liés indirectement à la révolution industrielle, son canif en bois de noyer, tordre le cou aux préjugés, les chevaux qui reculent, le pain français, réserver une chambre d'hôtel, être libre.

En fait, il fait passer son regard alternativement d'un grand champ de profondeur (les nuages) à un détail plus près de lui, la robe d'une dame, ses genoux, plus haut la girouette d'un toit, l'inclinaison de cette girouette, plus bas l'ajustement en couvre-joint des tuiles de ce toit, plus bas encore Negook. Sa pupille s'agite comme la cellule lumineuse d'un appareil de photographie qui ne saurait sur quoi faire la netteté.

Vu sous un plan plus large, il continue d'astiquer la foule par intermittence et la foule en redemande, frétille comme le cul d'un boxer sous les caresses de son maître; quand elle ne salue pas, la main se tient au plat-bord du bateau, entre le treuil de manutention et le premier panneau de soute sur le pont tout de suite à droite quand on monte, ou plonge dans la poche gauche avant de ressortir, vide, pour se remettre à gigoter dans l'air en direction des têtes, avec et sans chapeau, en contrebas, le long de la promenade, sur la place et l'esplanade du port, jusqu'au centre de la ville, de sorte que l'on se demande ce qu'il y a dans cette poche, ou pourquoi la main vient s'y loger, et que vient faire toute cette foule.

Les doigts fins et longs de la main empruntent leur élégance à ceux des dames du monde ou des enfants de la haute; nul artifice requis, ni bague ni vernis, seul le nœud formé par la rencontre des os à la deuxième phalange suffit à donner de la grâce et du port à la main tout entière qui ne saurait bricoler sans se casser un ongle tant la sensibilité l'habite, le goût de la musique, du piano par exemple, qu'elle n'a jamais su jouer, trop difficile, qu'elle apprécie volontiers en tressaillant à chaque subtilité, suivant mouvement par mouvement la construction élaborée du morceau, pointant d'un index nonchalant la note qui lui semble intéressante. Le poignet est à l'image des doigts, étroit, sec; l'ensemble des membres allongé.

L'homme, extraordinairement athlétique, enlevé, conserve pour son âge une souplesse et une élasticité motrice fascinantes bien que dans l'instant il ne se déplace pas ; plutôt grand, bien proportionné, mince – de la minceur de ceux qui passent leur existence au grand air à éprouver leurs corps dans toutes sortes d'exercices professionnels qui les passionnent –, il n'a pas perdu ses cheveux, ou quelques-uns mais sur les côtés seulement et c'est normal, il faut bien vieillir un peu, coiffés dans un sens puis dans l'autre par les caprices du vent, mi-longs, et ce petit monde va tranquillement sur ses soixante-dix ans, presque.

## *3. Bref rappel des titres*

Évidemment les cheveux sont blancs, évidemment les rides sont plus creusées qu'à trente ans et la vigueur des muscles moins impressionnante, cependant l'œil est resté aussi vif qu'un épagneul, et le poil luisant. C'est bien simple, on lui donnerait vingt ans de moins. Ça dort bien, ça mange bien, ça fait l'amour de temps en temps, du sport, de l'exercice, ça s'intéresse à tout, ça ouvre son esprit aux autres, c'est toujours au courant de n'importe quoi, ça sait mieux que personne, bref c'est plutôt en bonne santé, ça tient l'alcool comme un sénateur, ça récupère facilement, la mémorisation est impeccable, la vue aussi, ça respire par le nez, ça possède toutes ses dents, c'est perspicace, décidé, rapide à se retourner, à se remettre en question, ça sait dire non, s'imposer, s'opposer, partager, dialoguer, la tension est normale, la digestion s'adapte aux pires mayonnaises, le cœur bat ce qu'il doit battre, pas de cholestérol en trop, jamais malade, tout au plus ça se plaint d'une migraine par-ci par-là, d'une douleur dans les articulations, au cou, et voici que ça part pour la quatrième fois en trente ans vers une destination inca nommée Païtiti, cité située quelque part au cœur de la jungle amazonienne du Pérou, merci pour les précisions, maintenant débrouillez-vous : en plusieurs siècles de recherche, aucun explorateur n'a réussi à mettre la main dessus, ils ont tous abandonné sauf un : Belalcazar.

D'après la légende, la ville dissimulerait une quantité d'or impressionnante, l'équivalent de toutes les richesses incas réunies. La ville elle-même serait gigantesque, plus grande encore que Cuzco, Lima ; on ne sait pas grand-chose sur cette cité fabuleuse, alors on l'imagine la plus belle du monde, la plus riche, la plus inaccessible. Existe-t-elle vraiment ? À l'aube du vingt et unième siècle, le mystère de Païtiti reste entier. Belalcazar entend bien le lever.

Lui vous dira que l'or n'est pas sa motivation, non, pensez plutôt : quel choc de se rendre compte que l'histoire des peuples andins est à repenser totalement sous la révélation d'une telle découverte ; les recoupements à faire avec ce que nous connaissons déjà seront passionnants, les fouilles mettront au jour un trésor culturel plus précieux que l'or lui-même. Païtiti est selon lui la cité du Savoir, le centre d'où partent toutes les connaissances. Inutile de chercher ailleurs un voile à lever sur les mystères incas. Ce lieu constitue la clé du plus grand secret de tous les temps, il le sait, il en est persuadé. C'est pour cette raison qu'il repart. Chaque expédition l'a rapproché un peu plus de sa quête et il entend bien que celle-ci soit la bonne. Mais l'or y est quand même pour quelque chose.

L'obsession s'est logée insidieusement, année après année, d'abord inoffensive, portée sur ce qui brille, attire l'œil, somme toute rien d'inquiétant pour qui éprouve un semblant de goût pour la décoration intérieure ; les objets venant à s'entasser dans les lieux qu'il habitait, la nécessité de se pencher sur ce qui constituait leur valeur réelle l'amena peu à peu à écarter les moins bons et à ne garder que les plus précieux, pour ainsi se familiariser avec l'or, car les plus estimables en sont gorgés. Très vite, donc, Belalcazar s'habitue à la vue de l'or, en apprécie les délicatesses, ne souffrant plus la vue de ce qui n'en a pas, même si c'est brillant. Le métal jaune devient la matérialisation d'une haute idée du beau, du rare et de l'inestimable. Une semblable histoire d'amour, Belalcazar n'en avait plus connu depuis sa femme, étouffée après avoir avalé de travers un morceau de pain sur une plage de Bornéo au cours de leur voyage de noces. Se jurant de ne plus regarder aucune femme, il s'était lancé dans toutes sortes de collections qui, loin d'enterrer son malheur comme il l'eût d'abord souhaité, l'éloignèrent du commerce des hommes et le rendirent un peu excessif – collection de pièces de monnaie à l'effigie de Louis XVI, baguettes de sourcier, enveloppes anciennes, carapaces de tortues. On l'exhorte à incorporer l'armée pour se refaire une santé puis il exerce le métier d'archéologue. L'amour le transperce une nouvelle fois lors d'une mission au Caire sous les traits d'une certaine Catherine Formol, mais Catherine n'aime que les femmes ; Belalcazar connaît une longue dépression. Il abandonne l'archéologie, peint des paysages flamands plusieurs mois durant sur les murs de sa chambre et découvre les richesses de l'or par hasard, un matin, en cherchant un tournevis. Quand il apprend l'existence d'une ville entière qui croule sous le poids d'un immense trésor, son instinct d'archéologue se réveille, sa vie prend tout son sens : il sait qu'il en a les moyens, les connaissances, alors désormais plus rien d'autre ne compte dans sa vie que de trouver le trésor.

Il part pour les Andes quelques semaines plus tard, seul et sur un coup de tête, en barque. Il ne connaît rien aux grandes expéditions, ni à la navigation. La traversée en barque dure neuf semaines. Il échoue à quelques kilomètres de son lieu de départ, inanimé, père adoptif d'un baleineau tournant autour de la barque et le poussant par à-coups de la queue vers la côte. Il recommence un an plus tard, seul encore, dans un bateau cette fois-ci plus gros que la barque. Dans ce bateau plus gros, Belalcazar meurt d'ennui, il décide pour les prochaines fois d'être accompagné : une nuit de pleine lune au large des mers du Sud, sous un ciel calme et une mer claire, il fait mine de se jeter à l'eau pour aller toucher le fond en hurlant le nom d'une femme. Il est persuadé que Catherine – c'était aussi le prénom de sa défunte femme – l'y attend. Son pied se prend dans un cordage et il reste suspendu jusqu'au matin, le menton effleurant les ailerons des requins prêts à charger, mais il est sauvé à temps par l'équipage hilare d'un bateau de commerce qui fait route vers Nantucket. Pour sa troisième tentative quelques années plus tard, il rejoint Quito à pied, en Équateur – on pressent que c'est une mauvaise idée car tout le monde est déjà fatigué –, et de là s'enfonce dans le continent, accompagné de huit cents hommes, parmi lesquels des linguistes, des botanistes et des scientifiques éminents, plus un spécialiste en géographie et histoire des Andes. Ils parcourent à cheval les marais, descendent dans les forêts, naviguent pendant huit mois sur un fleuve long de six mille kilomètres. C'est une expédition très ambitieuse. Peu à peu, Belalcazar voit ses troupes décimées par les fièvres, les piqûres d'insectes, les morsures de fourmis, les chauves-souris, les serpents, les caïmans et les jaguars. Il se perd plus d'une fois. Rebrousse chemin. Découvre des traces. Croit à la victoire. On approche du but. On tourne en rond. Il faut encore monter. L'ascension est abrupte. Dix hommes ont déjà péri. L'un d'eux, en montant, entraîne l'intendant dans sa course. Il porte toutes les provisions des jours à venir. Les provisions dévalent la pente, disparaissent dans le ravin. Hurlements. Agitation. On retrouve les provisions. Il n'y en a plus assez. Un autochtone apparaît. Une lutte à mains nues s'engage. Il ne veut pas laisser passer le groupe. L'autochtone gagne le combat, mourra quelques années plus tard de vieillesse. Il y a trop de morts. Il y a trop de monde aussi. Il faut abandonner. Être mieux organisé. La saison des pluies arrive. D'autres incidents surviennent lors du voyage du retour et Belalcazar est le seul survivant.

## *4. Le départ*

Le départ a pris du retard.

La marée, haute depuis plus d'une heure, porte le navire qui s'impatiente, roule nerveusement des poignées d'algues sous son étrave, un papier bulle, du chewing-gum. Grince. D'épais nuages noirs se regroupent au-dessus de l'horizon et voilà précisément ce que Belalcazar voulait contourner en partant plus tôt. Il continue de saluer la foule mais en réalité il a changé de main et, tout en faisant croire à la foule qu'il continue de la saluer, il fait signe à Negook de revenir, de se dépêcher, de se magner le train, de se grouiller nom de dieu.

De son côté Negook fait de son mieux pour ne pas abîmer sa guitare, il la tient contre lui comme un nouveau-né, parant les coups de coude, les jeux d'épaules, les ronds de jambe, procédant à une avancée prudente, la plus rapide possible, mais lente.

Fontaine est en retrait, à mi-pont, debout face aux portes battantes qu'elle vient de pousser en remontant l'abrupt escalier qui part de la salle commune où les marins prendront les repas, se réuniront pour parler, déplier des cartes, jouer, tempêter sous la lampe d'équipage à haute mèche qui peut se balancer si elle veut. Dans un coin séparé du reste de la pièce par un rideau translucide de coquillages alignés les uns au-dessus des autres sur des fils de laine parallèles, lestés d'un plomb à chaque extrémité basse, une cuisine a été aménagée pour la préparation des repas. Elle comprend l'équipement indispensable : four à charbon, plateau de cuisson, table de travail, évier et hublot au-dessus de l'évier. Une autre porte dans le fond s'ouvre sur le dortoir des garçons qui sert accessoirement d'entrepôt pour les cordes, les malles, et tout ce qui ne trouve sa place nulle part. Fontaine est en train de graisser les gonds des portes avec l'huile de tournesol qui lui restait de la cuisson des frites, pour ne pas gâcher. La porte ne grince pas mais l'application sera préventive. L'huile des frites a déjà servi plusieurs fois et Fontaine s'était décidée à la jeter sans savoir où, donc elle l'a gardée, transvasée dans un pot avant de vider une partie du pot dans un flacon plus petit, plus pratique. Elle venait de finir le repas de ce soir et elle est montée sur le pont pour assister au départ quand ses yeux se sont posés sur le capitaine, penché tellement au-dessus de la foule qu'elle a craint qu'il n'allât passer par-dessus bord. Le départ n'était pas pour tout de suite. Elle est redescendue pour trouver une occupation utile, et c'est en poussant une deuxième fois les portes battantes menant au sous-sol qu'elle a pensé que les portes viendraient à grincer un jour et qu'il faudrait mettre de l'huile.

Elle est en train d'essayer d'atteindre les gonds avec le bec verseur du flacon tout en surveillant le capitaine du coin de l'œil, ses mâchoires, la détermination qu'on peut y lire, la détermination nette des mâchoires et du front, détermination qui laisse toute sa place à la fragilité du reste, elle ne saurait dire quoi, quelque chose d'enfantin dans le visage, qui le rend terriblement touchant. Elle porte un tablier blanc à rayures bleues avec une pomme verte brodée sur le devant et qui se ferme à la taille par un ample et soigneux nœud à boucles. Sur ses joues le froid, l'émotion ou l'effort sont venus dessiner deux soleils roses palpitants dont la simple vue, pareille aux ampoules d'un phare, réchauffe le naufragé et lui donne une raison d'espérer. Elle est engagée comme cuisinière et auxiliaire polyvalente de l'expédition. Ancienne gouvernante d'un haut fonctionnaire qui se prenait pour un roi, elle a été infirmière au cours de la guerre du Vietnam où elle assista un éminent chirurgien, resta spécialiste des amputations de jambes pendant encore vingt ans, à domicile, et rentra dans la restauration, puis dans les ordres, fit une allergie aux cierges, retourna à la restauration, pourquoi pas être à son compte, et puis non, fonder un foyer, avoir des enfants, mais complications affectives, amours de passage, connards de mecs, plus de boulot, assedic, annonces de ménage et repassage en boulangerie, baby-sitting, maigre retraite en perspective.

Elle nourrit pour Belalcazar un amour indéfectible mais elle l'ignore encore. Ce voyage sera le voyage de sa vie.

Il va pleuvoir. Les nuages noirs se sont étendus et couvrent une grande partie du ciel. Une brise se lève. Soudain les cordes retenant le navire au port se tendent, créant une secousse dans toute l'embarcation équivalente à celle qu'aurait provoquée la charge d'un rhinocéros caché dans la soute.

Negook est arrivé. Il part en cabine ranger soigneusement sa guitare et, quand il remonte pour prendre sa place sur la bauquière externe du gaillard d'arrière, le bateau vogue déjà dans la rade. Trois coups de canon tonnent ; la foule semble agglutinée de plus belle. Avec le bruit du vent dans les voiles, qui ne prennent pas le vent immédiatement, faseyent d'abord mollement, claquent comme le tonnerre lui-même, laissant l'embarcation partir où elle peut pendant un certain temps, on ne sait pas bien si la foule les encourage à partir ou si elle leur hurle de revenir.

Le bateau vient au près : Belalcazar, Fontaine, Hug-Gluq et Negook quittent l'Angleterre avec plus de deux heures de retard sur l'heure prévue. Ils se dirigent droit vers la tempête.

## 5. *Pas encore tout à fait le départ*

L'expédition ne prend pas le large tout de suite, naviguant d'abord le long des côtes, cabotant ici et là, en France, au Portugal puis en Afrique, laissant la tempête gonfler derrière elle sans jamais l'atteindre, et faisant monter à bord des marchandises, du charbon, des troncs, du sel, des animaux, quelques personnes peu bavardes fumant des pipes dans des cirés gris, qu'on débarque trois ou quatre milles plus loin sans avoir pu les connaître, échanger un mot, comprendre la raison de telles manœuvres, au milieu des dockers, devant les capitaineries, après avoir signé des reçus et embarqué de nouveau des ballots de literie, du linge, des poules, des caisses encordées, des enveloppes cachetées et des paniers de fruits frais jusqu'à un port où plus personne ne monte ni ne descend, tout ce petit trafic est fini, maintenant place au voyage.

Nous sommes une semaine plus tard sur la côte

sénégalaise. Il faut encore trouver l'île où Malebosse (Florence de son prénom) les attend. Elle monte à bord sans rien dire – la femme est étrange mais indispensable pour la suite du voyage. L'île n'est pas marquée sur la carte, elle est toute petite et flotte à quelques brasses de la côte.

L'équipe est maintenant au complet. Ceux qui veulent en profitent une dernière fois avant les longs mois de mer pour descendre du bateau, se dégourdir les pattes, acheter des chips et faire pipi, ensuite la barre est mise au sud, direction le cap Vert, d'où ils prendront à l'ouest toute jusqu'au bout.

PREMIÈRE PARTIE

# *Le voyage en mer*

## *6. Où la tempête n'arrive pas*

Deux semaines ont passé. Le bateau a parcouru un peu plus de deux mille milles nautiques et flotte toujours, sur la même eau, sous le même ciel, vers le même but ; il se prénomme *Catherine* et ne dévie de son idéal orthodromique que pour mieux le reprendre, d'un habile coup de poupe, avec à son bord le même personnel qu'au départ de l'île où l'on a pris Malebosse.

La *Catherine* est une goélette paimpolaise à hunier, deux mâts plus le mât de hune, jaugeant deux cents tonneaux, coque en bois de chêne doublée de cuivre pour les œuvres vives, trente mètres hors tout, construite sur les rives de la Clyde, or nous savons la réputation des voiliers sortis des rives de la Clyde : insubmersibles, élégants, vifs sur l'eau, ils font généralement le bonheur et la fierté des marins qui les tiennent pour les plus manœuvrables d'entre tous et les plus costauds, gardant l'équilibre en descente de vague comme personne. Toutes les voiles portent, hautes et basses – il y en a un paquet, de toutes les formes, de tous les noms, retenues et commandées par d'innombrables cordes aux innombrables noms, nouées à d'innommables mâts –, et pour ceux qui n'ont jamais pris la mer c'est une surprise toujours renouvelée de sentir la vie au-dessus de leur tête, le mouvement, le balancement de ce qu'on évitera désormais de nommer corde ou lapin au risque de porter malheur à l'équipage mais drisse, bout, ou encore grelin, près des voiles comme autant de lianes dans une forêt sans singe, aux arbres laizés que les alizés courbent très convenablement à vingt nœuds.

La température extérieure est en hausse, le temps variable, et même sans soleil les plus grandes voiles se reflètent dans la mer et donnent l'impression qu'un banc brillant de baleines blanches suit le bateau ; le bateau, qui n'a pas rencontré d'autres bateaux ni vu de terre à l'horizon, est parti pour naviguer encore un bon mois. Aucun incident technique majeur n'est à signaler. Pour l'instant le voyage se déroule comme prévu.

L'eau s'étend à perte de vue et ce n'est pas le tout de l'écrire, il faut encore le vivre, le dire, voilà à peu près le sujet de conversation qui est revenu au début le plus souvent dans la bouche des hommes n'ayant jamais pris la mer et qui se retrouvaient le soir à la proue du navire en bras de chemise au-dessus des vagues du large fendues par l'étrave et de tous ces poissons qui nagent sans qu'on les voie : sensation d'isolement en même temps qu'aspiration vers l'infini, envie d'ailleurs et peur de partir, sécurité, liberté, perte d'identité face à la perte des repères sensoriels et du sens de l'orientation, absence de vert et donc du processus de photosynthèse, absence de roc et donc du sentiment d'enracinement, retour à l'état fœtal, expression du moi profond et vocation spirituelle, dépression, euphorie, sagesse : on ne sait jamais l'effet que peut avoir la pleine mer sur quelqu'un.

Les poissons, c'est ce qui impressionnait le plus Negook : l'idée que n'importe quoi pouvait se passer là-dessous lui donnait des frissons. Pour Hug-Gluq, plus pragmatique, la peur de tomber était la plus grande, avec celle de passer plusieurs jours à dériver sur un matelas pneumatique qui se dégonfle, à quoi Negook frissonne encore une fois en disant qu'il préfère ne pas y penser, et Fontaine se sent bien, pour elle la mer ne représente rien de particulier ; elle s'y sent bien voilà tout, calme, pas plus calme qu'à terre mais plus aérée, oui, c'est cela : aérée. Comme les autres la titillent du coude en essayant de savoir ce qu'elle entend par plus aérée, elle se sent obligée de parler et s'en va.

C'est ainsi que les premiers jours nos personnages ont fait connaissance, quand la douceur et l'oisiveté du crépuscule et bientôt de la nuit les faisaient se rencontrer et se dévoiler les uns aux autres, qui je suis d'où je viens ce que j'aime n'aime pas ce que j'attends de cette expérience. Il semblerait que la mer, pour qui la chevauche et combat en son sein, incline à la plus intime des confessions. La peur et l'excitation de l'inconnu tonifiaient les échanges, les deux frères se livrant bataille quant à celui qui parlerait le plus fort ; à d'autres moments la mélancolie prenait le pas sur l'ardeur des propos, quand le sentiment de l'exil les écrasait et qu'ils se sentaient de plus en plus loin de chez eux. Un profond silence s'installait.

Certaines étoiles brillent tellement qu'elles pourraient rappeler les lumières d'un port habité, d'une ville à l'horizon, et cela suffit à réchauffer le cœur de Negook qui se sent un peu seul et perdu, ne s'est jamais remis d'avoir quitté sa famille et ses terres. Enfant, il savait lire dans le ciel les bons et les mauvais présages et s'adonnait à cet art avant chaque départ de chasse. Ayant compris par dieu sait quel sortilège qu'il ne prévoyait que les mauvais (il annonça au jour près la mort de son grand-père et les circonstances de celle-ci), il se détourna à jamais de ces lectures, n'en gardant pas moins une intuition assez juste qui se réveille parfois doucement, émoussée, et fait de lui un être relativement intelligent quand il veut. Hug-Gluq raconte comment son frère, à l'âge de cinq ans, ayant reçu une bûche incandescente en plein visage aurait, pris de terreur et de rage, lacéré celui de la personne la plus proche à cet instant : lui. Il parle ensuite de son appétit démesuré pour la viande de cochon, de sa phobie des mouches et de plusieurs dons formidables que la nature lui a cédés : remuer ses oreilles d'avant en arrière sans lever les sourcils, gonfler ses narines et retourner le pouce de sa main droite à angle droit. Negook renchérit par d'autres exploits qu'il aurait accomplis en divers endroits, dans son récit il passe de la forêt de Tongass à la Yakoutie centrale sans trop que l'on sache pourquoi. Les deux frères superposent leurs voix et l'effet rappelle le beuglement champêtre d'un ruminant. Pendant les silences les hommes pensent à ce qu'ils ont dit ou à ce qu'ils pourront dire encore. Leurs yeux sont ronds. Ils regardent le paysage en essayant d'en absorber ce qui, de près ou de loin, est susceptible de les rassurer, de leur rappeler ce qu'ils ont connu, car en définitive ils ont peur, terriblement peur de tout ce qui les attend, et cette peur est celle de la mort que l'on sent plus présente sur un bateau comme celui-là, au milieu de nulle part.

## *7. Où quelque chose finit par éclater*

L'équipe se dirige donc vers le Pérou, au pied des Andes, dans la région du Madre de Dios, selon un itinéraire qui n'est pas le plus simple ni le plus judicieux mais ce n'est pas à nous de dire quoi que ce soit sur la manière dont il faudrait s'y prendre pour que ce voyage aboutisse.

Afin d'éviter le détroit de Magellan, dur à naviguer, Belalcazar envisage d'atteindre les Caraïbes où, après avoir contourné la Guadeloupe en laissant la côte à bâbord, l'embarcation rejoindra Panamá pour embarquer dans un second bateau et de là ils atteindront Lima avant de s'enfoncer dans la jungle, à moins, a-t-il dit, de passer par le Venezuela puis de pénétrer dans la jungle péruvienne en passant, à pied, par la jungle colombienne. Nous verrons. Cela dépendra de Panamá et du bateau prêt ou pas. On ne sait jamais, à Panamá.

Tout irait bien, donc, si la tempête qui devait arriver arrivait mais elle n'arrive pas et ça énerve tout le monde car le ciel est noir, chargé, des éclairs naissent dans le lointain or il ne pleut même pas, rien ne se passe ; on aimerait se détendre, profiter du paysage, au lieu de cela il faut se préparer au pire. Il y a quand même eu cette petite tornade, Hug-Gluq l'a vue filer sur la ligne d'horizon tôt ce matin, il était très ému d'assister pour la première fois à un phénomène météorologique de cette ampleur-là, il s'est dit que l'aventure commençait et quand il a voulu la décrire aux autres il a compris que personne ne s'intéressait à ce qu'il était en train de dire, alors il est parti dans sa cabine en répétant que ça promettait pour la suite du voyage, faiblement d'abord, pour lui-même, puis de plus en plus fort jusqu'à ce que tout le monde entende. La tornade était loin. Il est resté enfermé une bonne partie de la matinée, enroulé dans son hamac, refusant de monter pour déjeuner, prétextant qu'il ne voyait pas ce qu'il ferait avec des gens qui l'ignorent froidement ; c'est ce qu'il disait quand on venait frapper à sa porte pour lui demander de sortir. Fontaine avait fait des frites, Fontaine faisait toujours des frites.

L'expédition a prévu du bœuf frais, des pommes de terre, des pommes des arbres, du rhum, du lard et de l'eau dans d'énormes calebasses et des vases d'argile. Un potager portatif permettrait bien de cultiver quelques tomates, du chou-fleur, des carottes et de la mâche, mais la plupart du temps Fontaine fait des frites. Quasiment tous les jours. Depuis le départ. Le midi. Pas le soir. C'est moins digeste le soir. Personne n'ose rien dire parce que Fontaine est très gentille et ses frites bonnes, cuites deux fois dans de la graisse de bœuf, la première fois cinq minutes à cent soixante degrés ; vingt secondes à peine, la seconde, dans une huile à cent quatre-vingts : ébouillantées, elles seront croquantes et dorées à souhait. Bien agiter. Servir, c'est prêt. Et puis les garçons sont ravis, ils ne connaissaient pas les frites, ils adorent les frites. Le bœuf frais, conservé dans des coffres de glace, se mange une fois la semaine par économie, et les pommes de terre sont disposées dans des cageots sous du sable anti-germes. Les repas s'agrémentent à l'envi d'épices et de sauces thaïes, il y a quelques boîtes en fer-blanc, du sel, des tomates pelées, du poivre et un romarin en pot.

Avec l'arrivée des beaux jours, la table avait été sortie, nous n'allons tout de même pas nous enfermer en bas. Comme elle ne passait pas par la porte, Negook avait bricolé une table avec un caillebotis et des tréteaux avec des rayons de barre de roue emboîtés l'un dans l'autre, puis il avait tendu une bâche, et déjà la bâche était pleine d'une surface graisseuse. Fontaine avait disposé le couvert de telle sorte que Belalcazar fût assis en face d'elle et qu'il eût vue sur la mer et surtout sur elle. Plusieurs fois de suite Belalcazar s'est levé pour aller dire à Hug-Gluq que le repas était servi et, voyant que Hug-Gluq ne montait pas et que des coups sourds contre les parois de la cabine retentissaient comme la preuve d'un énervement important, Belalcazar a demandé à son frère d'aller voir. Nous étions en plein milieu du repas et Belalcazar avait sa petite idée sur les repas : ils resserraient une équipe autour d'un moment fort et pour le moral des troupes c'était bon. Negook est allé chercher un outil qui puisse faire jouer la serrure de la porte derrière laquelle son frère s'était enfermé et le gond a cédé rapidement. Hug-Gluq est venu à table, sur le pont l'air était moite, Belalcazar a toussé plusieurs fois de suite pour combler le silence. Il a parlé d'autre chose, de la pluie et du beau temps, de la tempête qui n'allait plus tarder, et Negook a rétorqué un peu brutalement que ça faisait deux jours, soi-disant, que la tempête n'allait plus tarder. Les nerfs étaient un peu à bout.

D'une manière générale, l'ambiance à bord n'est pas top. Ça allait très bien pendant la semaine de cabotage, et dès que Malebosse est montée, d'un coup, l'ambiance s'est dégradée. Il y a des gens, comme ça.

Elle se tient en retrait. Elle a été mise à l'écart car elle-même se tient à l'écart et dans un groupe ceux qui sont en retrait sont suspects. On dirait qu'elle manigance de mauvais plans. Son regard est bizarre, elle ne parle pas, elle ne mange pas et ne veut pas sortir avec Negook qui a essayé le premier soir car elle est pas mal très sèche mais pas mal, brune, grande, souple, avec une toute petite poitrine que l'on devine bien dure et des épaules marquées, pointues aussi. Il lui a demandé franchement mais elle n'a pas répondu – personne ne connaît encore le son de sa voix. Belalcazar aussi aurait un faible pour elle, sans se l'avouer. Il n'y a que Hug-Gluq qui assure ne pas y trouver son compte : trop compliquée.

Fontaine dit que les premiers incidents ont commencé trois jours exactement après la montée à bord de Malebosse, ainsi :

– Capitaine ! Capitaine !

La voix s'approche. C'est Hug-Gluq. Il a l'air très embêté. Belalcazar est à la barre. Il est heureux. Les côtes du cap Vert ont disparu de l'horizon et il commence vraiment à se sentir léger. Il répète depuis le matin la même phrase qu'il tient d'un marin qui la tenait d'un marin qui la tenait de son père qui l'avait lue dans un livre de Joseph Conrad : la véritable paix de dieu commence dès que l'on est à mille milles de la terre la plus proche.

Ses doigts pincent les boudins de la roue qui tourne peu, rectifient le cap par une légère pression d'une pulpe sur un des côtés de la roue quand elle tourne.

Le matelot, haletant, salue Belalcazar, reprend son souffle et dit :

– Capitaine, nous n'avons plus d'éclairage.

– Comment cela, plus d'éclairage ?

– Les mèches ont disparu.

– C'est-à-dire ?

– Les mèches ont disparu.

– Vous voulez dire que les mèches ont disparu ?

– Parfaitement, capitaine. Autre chose : des méduses ont commencé à entourer le bateau, j'en ai dénombré une bonne centaine, larges au moins de cinq pieds. Elles sont arrivées cette nuit. Elles freinent considérablement l'avancée du bateau. Il y en a même qui commencent à faire ventouse sur la coque pour monter. J'ai bien peur que la prophétie ne s'accomplisse.

– De quelle prophétie parlez-vous ?

– Hier soir, j'ai assisté à un feu Saint-Elme. C'était juste avant l'arrivée des méduses. J'étais sorti pour prendre l'air de la nuit. Le haut du mât s'est mis à crépiter tout seul, comme si quelqu'un avait posé dessus des bâtonnets magiques d'anniversaire. Ça a bien duré deux minutes, pas plus long ni plus impressionnant qu'un feu de Bengale mais j'ai eu les chocottes. C'est un mauvais présage, capitaine. Il semblerait qu'une malédiction s'abatte sur nous. Les choses vont de mal en pis. Negook a vomi toute la nuit.

## *8. Ce qui nous intéresse dans le cas présent*

À bien y regarder, Belalcazar avait été un peu rapide le jour de l'entretien, se contentant d'examiner distraitement le curriculum vitae des deux chasseurs d'ours assis devant lui, bien habillés, rasés de près dans des chemises crème impeccables, se tenant droits sur leurs chaises, ne sachant que faire de leurs mains, souriants, avant de les inviter à se lever avec lui, de le suivre, de passer dans un premier salon qu'ils traversent, puis dans un deuxième, volets tirés, qu'ils traversent aussi, enfin dans un troisième qui est le bon et sent le frais, le ménage, la brillantine. Là, ils s'adonnent à une mise en situation où il est question pour l'un des deux frères de mimer l'attaque d'un animal sauvage ou d'une tribu cannibale pendant que Belalcazar déstabilise le second en émettant toutes sortes de cris effrayants, et ensuite on intervertit les rôles; en fin de quoi Belalcazar les engage sans rien demander de plus. Ils retraversent le deuxième salon, puis le premier, arrivent dans le bureau où chacun reprend son rôle et sa place ; Belalcazar sort d'un tiroir à serrure deux jeux de feuilles paraphées, papier ministre ligné blanc, à l'en-tête doré, reliées entre elles par un trombone ; il place les jeux devant les deux aventuriers qui n'ont rien pour écrire, alors Belalcazar s'excuse, ricane, évidemment, dit-il, voici, et il sort de la poche de sa veste une plume à l'encre noire. Au moment de signer les contrats, comme on s'inquiète des détails relatifs à l'expédition dont il n'a pas encore été question, et qu'on aimerait savoir au moins pour quel type de contrat on s'engage, où, quand, comment, Belalcazar leur parle en ces termes laconiques « d'une mer à traverser, de la recherche d'un trésor et d'une longue et pénible marche dans la jungle ».

On ne s'étonnera pas, dans ces circonstances, que l'histoire de la tornade fût la goutte qui fit déborder le vase. Surtout que Belalcazar a une déclaration importante à faire. Il le leur dit : j'ai une déclaration importante à vous faire.

Le bateau accuse un roulis important ; depuis quelques heures le temps a changé, quelques nuages menaçants ont dessiné dans le ciel une bouche de monstre terrifiant, plus précisément l'espace libre laissé par la confrontation des masses au-dessus du bateau peut faire penser à une bouche d'où vont sortir un terrible souffle, de terribles dents. Les verres sur la table débordent, laissant couler l'eau et le vin sur les genoux du voisin. Les pommes de terre refroidissent et la couche de fromage en surface a durci, il faut s'y reprendre à deux fois pour en extraire une portion et la porter à la bouche. Nous l'avions senti, la météo pour les prochaines vingt-quatre heures ne disait rien de bon : vent dominant de secteur ouest, très instable, force cinq à six, passagèrement sept, tournant du sud-sud-ouest au nord-nord-ouest, et fraîchissant au passage des perturbations. Houle croisée, brume rare, nuages convectifs.

Le visage de Belalcazar s'assombrit comme il s'apprête à parler gravement. Un à un, il dévisage ses équipiers d'un œil humide, tendre et combatif à la fois. Ses yeux s'attardent silencieusement sur chacun d'eux avec la même attention, le même désir de sonder les âmes, de faire comprendre que dans cette aventure pas un ne compte ni plus ni moins que l'autre :

– Nous sommes tous engagés jusqu'au cou dans le même combat, articule-t-il avec componction. Il s'agit de sortir le meilleur de soi, vous comprenez ? Et d'apprendre à vivre ensemble. Vous me comprenez bien ?

Ses paupières décrivent un arc de cercle tombant qui leur donne une forme dite en amande, charmante, que nous n'avions pas encore remarquée. Hug-Gluq boude toujours et ne décroche pas son regard de son assiette dont il triture le contenu froid, sans appétit. Malebosse n'est pas venue dîner ; quelque part sur le bateau, elle fixe l'horizon, ne distinguant rien de particulier, au contraire englobe une totalité existante, mue par un probable désir d'hypnotiser l'univers. Il n'y a que Negook et Fontaine qui se plongent en retour dans les pupilles vives de leur capitaine, et c'est probablement là que naît le fort désir de Fontaine pour lui ; trois secondes suffisent pour renverser sa vie.

Depuis la disparition de l'éclairage, le dîner se prend tôt, avec le jour. Il fait nuit de plus en plus tard. Belalcazar, une fois son tour de table des yeux terminé, revient brièvement sur les incidents passés qui pourraient être à l'origine d'une mésentente, d'une baisse de moral ou d'une saute de tension, ce qui revient au même d'un point de vue humain : on n'est pas dans son assiette. D'un habile tour de rhétorique, il souligne les moments forts avec insistance, parle des mauvais pour ne pas laisser croire qu'il ne parle que des bons, choisit les moins mauvais évidemment, les moins alarmants (tornade, frites grasses, mal de mer, spleen de départ), fait exprès d'en oublier le plus possible quand même et conclut que presque tout va bien, donc que presque rien ne va mal : inutile de s'en faire pour si peu. Puis il marque un nouveau silence, effectue un second tour de table des yeux pour n'oublier personne et montrer qu'il s'adresse à tout le monde tel un politicien en campagne, avant d'aborder la fameuse déclaration, disant que demain sera une grosse journée et qu'il faudra être à son poste. En effet, qu'on le veuille ou non, le bateau approche d'une zone redoutable bien connue des marins de tous bords : un tourbillon géant face auquel aucun bateau ne résiste. Aussi Belalcazar, confiant, a-t-il fait demander le secours de trois autres navires qui devraient assurer leur protection jusqu'à ce qu'ils soient hors de danger.

Voilà, c'est tout ce qu'il avait à dire, maintenant il s'excuse et prend congé, s'essuie le coin de la bouche avec la serviette de Negook, dit qu'il va se coucher et que tout le monde ferait bien d'en faire autant car la journée de demain sera longue, la plie, la roule, la laisse en équilibre sur le dossier de sa chaise en remerciant Fontaine pour le croquant aux pommes de terre (qui change un peu des frites) et la serviette tombe.

## *9. Malebosse*

Que Florence Malebosse, cartographe et gabier breveté, nage parfaitement le crawl et encore mieux la brasse, quoique mieux la brasse coulée que la nage libre, alternant crawl, brasse et papillon quand elle traverse une fois l'an la Manche pour s'entraîner, n'explique pas son talent de navigatrice hors pair, ni son attitude hautaine vis-à-vis du reste de l'équipe, entendu qu'elle est maître d'équipage, piètre imitatrice, philippine par son père, et possède à son palmarès plusieurs tours du monde à la voile en solitaire.

Elle scrute la nuit de la mer et du monde à travers le hublot minuscule de sa cabine dans cette attitude qu'elle affichait déjà au déjeuner et qui semble être sa nature : une raideur de reptile dans le regard, une fixité rentrée, tout en concentration et réflexion. Sa cabine, sensiblement la même que celle de Belalcazar, se trouve à son exact opposé sur le bateau. Le hublot est entouré d'une lunette en cuivre fixée contre la vitre par quatre vis. La porte est à gauche, le toit en pente au-dessus du lit, l'armoire coulisse dans le mur en face, les rangements au-dessus de l'évier auraient pu être plus profonds, il y a du lambris dans le fond, cela dit l'espace libre au centre reste très appréciable. Au travers du hublot, rien de la mer ni du monde ne transparaît, dehors tout n'est que noir uniforme.

La scène est éclairée doucement au moyen d'une pierre quadrangulaire fort étonnante, de couleur prune, diffusant d'elle-même et par un extraordinaire miracle une clarté pomme, cent pour cent naturelle, sans additif ni conservateur, d'une puissance équivalente à celle d'une ampoule de quinze watts. Sur une table carrée, petite, servant de table de nuit, de tabouret ou plus rarement d'élévateur, déplacée pour la circonstance au centre de la pièce où la femme se situe, elle a posé une boule en cristal pas plus grosse qu'un pamplemousse. Des images défilent à l'intérieur, des visages, déformés par la rotondité de la sphère, qui viennent de droite et s'en vont à gauche, suivis d'une nouvelle scène, légèrement animée, sans le son. C'est un peu comme les visions d'un rêve. Sa main droite en équilibre au-dessus de la boule semble capter le sens de ces images via des radiations distribuées directement au cerveau, en sorte que Malebosse peut voir la boule sans la regarder vraiment. Ses lèvres remuent.

On dirait qu'elle traduit ce qu'elle voit dans la boule pour elle-même, in petto, en voix off. Elle entend les autres parler sur le pont, des bribes de phrases, des mots, qu'elle parvient à resituer dans le contexte de l'intonation de la voix, de ses infléchissements, grâce à une bonne connaissance qu'elle a, depuis ses études universitaires en linguistique et synoptique, de la manière dont s'emboîtent et s'équilibrent apodose et protase, sans toutefois leur prêter attention. Assise comme elle est, en tailleur et le dos droit, sa chemise de nuit fine et courte découvrant l'intérieur de ses cuisses et le galbe sec d'un sein, c'est vrai qu'elle est assez belle, voire terriblement excitante. La lueur de la pierre ne nous permet pas d'aller chercher tous les endroits de son corps que l'on voudrait rencontrer, et pourtant ils sont là, assouplis, généreux, tendres et durs à la fois, prêts à donner comme à recevoir. C'est cela qui intrigue chez cette femme : force et fragilité rentrées, puissance sexuelle et spirituelle, mysticisme. Son visage paraît plus beau qu'en plein jour, lisse et sérieux, charpenté de petits os minces, confectionnés dans la plus pure et parfaite tradition féminine ; la mâchoire est rebelle, un rien revêche, mordante ; sous la plaine abrupte du front dort un lit de cartilage délicatement pétri, fragile et racé, que portent dignement les arcades où les muscles orbiculaires rappellent l'art roman, tout en arrondis et en dénuement. Mais le ton reste grave :

il faudrait à cette femme un sourire dans les yeux pour qu'elle soit totalement désirable, une manifestation plus explicite de sa présence miraculeuse à la vie.

De son autre main, la gauche, elle manie une petite bouteille en verre à col étroit et à usage spécialement pharmaceutique, nommée communément fiole, qu'elle renverse pour lui soutirer son suc et le mélanger plus bas, dans une coupelle, à une poudre verte, créant une poudre jaune, puis blanche, et un nuage de fumée non toxique, rouge, qui liquéfie la poudre en retombant sur elle en fines particules quelques minutes plus tard. La solution ainsi obtenue est placée sous la bouche, aspirée dans une paille et recrachée dans un tube doseur apparu dans la main gauche aussitôt après la disparition de la fiole envoyée balader de la même main à l'autre bout de la pièce, parmi d'autres fioles déjà utilisées, brisées, tessons pointés vers le plafond. Aucun doute ne subsiste : la femme est gauchère. Elle a jeté la fiole sans regarder où elle allait, touille la mixture avec l'index de n'importe quelle main et porte le tube à sa bouche, comme elle vient de le faire avec la paille, pour le sucer gentiment, une fois, deux fois, le haut du tube d'abord, avec la langue qui tourne autour du bord et pénètre à l'intérieur, enfin complètement, jusqu'au fond de la gorge. D'autres fioles sont rangées dans un carton sous la table et attendent leur tour. Les yeux de Malebosse se cisèlent d'un éclat de plus en plus étrange et ses gestes, qui semblent suivre un cérémonial répétitif, obsessionnel depuis bientôt une heure et pendant encore toute la nuit, se coulent à présent dans un long et sourd gémissement venant de l'intérieur du ventre, cependant qu'elle n'entrouvre qu'à peine la bouche pour laisser filer le son et s'apprête consciencieusement à laver, rincer, et sécher le tube doseur sur la manche de sa chemise de nuit pour le réutiliser, reprendre une nouvelle fiole et reproduire l'ensemble de l'exercice à l'identique.

## *10. Ce que l'équipage commence à se dire*

Au même moment, après avoir aidé Fontaine à débarrasser la table en emportant le plat et les assiettes dans la cuisine sans tomber dans l'escalier – que Fontaine redoute plus que tout au monde, un jour il y aura un accident dit-elle –, Hug-Gluq et Negook, comme à leur habitude, se retrouvent pour parler à l'avant du bateau, sous la hune du mât de misaine. Negook va mieux. Hug-Gluq ne fait plus la tête. Negook mange des biscuits de mer dès qu'il se sent mal et porte son regard au loin pour faire passer le tournis. Fontaine fait la vaisselle. C'est elle qui lui a dit de ne jamais garder le ventre vide quand il commence à aller mal, ni de rester dans un endroit clos. Il faut sortir, respirer, manger, fixer quelque chose au loin, même si l'horizon est flou.

Le pizzicato des assiettes monte de la fenêtre entrouverte; pour un peu le son métallique d'un transistor coréen se ferait entendre et, comme le fond de l'air est tiède, elle n'est pas loin la sensation d'une soirée d'été qui prend le large près de la corde à linge d'un jardin de ville au milieu des draps secs qu'un vent chaud gonfle et fait courir sur place, sans bruit, peuplant la nuit de fantômes inoffensifs et blancs, impeccablement propres, une taie rose et un slip battant pavillon Soupline sur l'herbe calme.

Negook ne déteste pas les gâteaux de mer. Il propose à son frère de goûter, qui refuse, et alors il aimerait savoir si la cannelle, qui sent fort, fait partie de la recette habituelle ou si c'est une touche personnelle dans ce gâteau-là. Hug-Gluq ne sait pas. Il est fatigué. Il n'a pas envie de parler. Il ne va pas tarder à aller se coucher.

L'inconvénient des hamacs, aussi confortables soient-ils, en filet de chanvre écru à larges mailles nouées, c'est qu'ils imposent de dormir sur le dos, même à ceux comme lui qui préfèrent être sur le ventre, et les nuits sont moins bonnes, forcément. Il faut s'habituer. Et il ne s'habitue pas. Il pense plus simplement à dormir par terre si le mal persiste, mais il y a des rats.

La nuit est en train de tomber. Fontaine a presque terminé. Elle laisse tremper le fond du plat qui a brûlé, passe un dernier coup d'éponge sur l'évier, essore l'éponge et dénoue son tablier. Depuis l'incident des mèches, on vit avec le jour. Elle sort juste à temps : la lune s'élève au-dessus de l'horizon et jette le jour dans les profondeurs de la mer. Des nuages gris et noirs, plus ou moins épais et de formes diverses, viennent camoufler sa blancheur par intermittence, si bien que la nuit, une fois bien installée, est tantôt claire, tantôt sombre ; le changement se fait très rapidement car le vent est assez fort en hauteur et cela peut surprendre, désorienter, donner la nausée. À propos des mèches, Hug-Gluq a voulu savoir la vérité sur l'affaire, interrogeant les uns, circonvenant les autres, et il a d'abord cru son frère coupable d'une farce de mauvais goût mais apparemment il nie, encore ce soir.

C'est la presque pleine lune. La mer se pare d'un voile phosphorescent qu'ourle le haut des crêtes en laissant croire à la toute proche émergence de centaines de milliers de lunes venues du fond de l'océan. L'ombrelle des méduses, naturellement diaphanes, absorbe l'étrange phénomène en répandant sous la mer un éclairage bleu du plus grand chic, qui pourrait être celui de nos piscines d'extérieur. Elles ne veulent pas partir. On aurait presque l'impression qu'elles font partie du bateau, que celui-ci flotte et vit grâce à elles, comme si l'embarcation était sur coussin d'air et qu'elles établissaient un lien ombilical entre lui et la mer.

Negook est superstitieux :

– Je pense que l'agglutinement des méduses signifie pour l'un des membres de l'équipage une terrible épreuve à surmonter d'ici les dix prochaines années de sa vie.

On se met alors à parler des maladies pulmonaires, d'athymhormie, de congestions cérébrales d'origine inconnue, du rhume des foins, de la paix dans le monde, du taux de suicide en hausse dans les pays en développement et plus particulièrement chez les 15-25 ans, de l'incapacité de certains gouvernements à voir la réalité en face. On ne peut pas être riche et pauvre à la fois. Il faudrait commencer à trier les déchets sérieusement. Je pense que dieu existe. La littérature n'est pas un art. Ensemble, nous y parviendrons. Le problème vient d'ailleurs. La politesse n'est que le parangon du désir. Il faut une société libre de droit. Le bonheur ne s'apprend pas mais se transmet d'une génération à l'autre. Non à la poursuite des essais nucléaires.

Puis l'on se met à voir toutes sortes de monstres dans la configuration des nuages, des monstres s'abreuvant à la surface des mers, créant des tourbillons géants, comme celui du lendemain, justement. Ils se mettent à parler du tourbillon du lendemain, puis de nouveau d'un monstre géant que la mer abriterait et qui les guette : du fond de l'océan il observe le petit bateau passer en surface dont il ne fera qu'une bouchée au moment de son choix, c'est-à-dire qu'il peut agir d'un instant à l'autre. Le monstre les amène à parler naturellement de Malebosse. On se demande si elle ne manipule pas le capitaine et si tout cela n'est pas le fruit de son ambition propre. On se demande si elle-même n'est pas un monstre. Fontaine aurait laissé entendre qu'elle possédait un certain nombre de pouvoirs extraordinaires et on commence à la redouter sérieusement.

– Ce soir, elle était encore plus bizarre que les autres soirs, dit Hug-Gluq. Cette fille nous fout les boules à tous, s'énerve-t-il. Il faut la jeter par-dessus bord.

– C'est une sorcière, voilà tout.

– Demain, j'irai parler au capitaine.

– Mais le capitaine compte justement sur elle pour traverser le tourbillon ; elle seule sait déjouer le siphon, précise Negook.

Ah, c'est pas si simple tout ça.

## *11. De l'importance du décor dans l'action*

Pour peu que la lune disparaisse, la mer devient aussi sombre qu'une salle de bains quand la lumière s'éteint et qu'aucun jour ne passe sous la porte ; on ne sait plus bien alors qui du bateau ou de la mer avance vers l'autre, ni si la limite entre le ciel et la mer existe vraiment ; la fusion des deux donne l'illusion que le bateau ni ne flotte ni ne vole ; il fait autre chose, il gravite, il suspend son temps. Ce moment ne se prolonge heureusement pas. La lumière revient. Des guirlandes d'étoiles apparaissent sous la lune, accrochées et s'entrecroisant dans l'espace libre créé entre deux boules nuageuses ; à mesure que les minutes passent, il semblerait qu'elles brillent davantage, à moins que ce ne soit l'œil de Negook qui se fatigue, s'humidifie sous la brise, l'obligeant à fermer à demi sa paupière et à voir s'étirer sous cette action ce que l'on représente habituellement par des bras sur un dessin d'étoiles. Les étoiles, se dit-il en lui-même, ne sont donc pas seulement des points plantés dans la voûte céleste. Elles sont des soleils par milliers qui illuminent la nuit. À chaque seconde, quelque part dans l'univers, une étoile explose et peut briller encore toute la semaine suivante. Il n'en revient pas.

Parfois, la disparition de la lune se connecte immédiatement au circuit interne d'une veilleuse branchée dans un coin du ciel qui laisse tout de même un peu de jour de secours sur les nuages environnants, de rose, de miel, quand par exemple le nuage est peu épais ou pour d'autres raisons scientifiques et poétiques.

Le choc des vaguelettes sur la coque du navire émet un clapotis doux, régulier, calé sur les secondes, à la vérité ce qu'il y a de mieux réglé en cette nuit, de plus stable, aussi rassurant qu'un mari cadre supérieur chez Total ; en sorte que quelqu'un d'averti pourrait en déduire l'heure. Mais Negook fait part à son frère du désir qui l'étreint de reprendre des cours de lecture du ciel. Il sent que ses intuitions commencent à revenir ; l'air du large lui fait du bien. Un don sommeille en lui, qu'il doit amplifier s'il veut devenir, comme il l'envisage en l'instant, Voyant : s'installer à son compte, ouvrir un cabinet, proposer à Hug-Gluq d'être sa secrétaire.

La lune est revenue. Elle ne devrait pas repartir avant une bonne minute. Posté comme il est, c'est-à-dire accoudé de trois quarts nord à un guindeau et la tête tournée à l'ouest vers son frère, Negook n'offre qu'une moitié de son visage à la lumière. Hug-Gluq ne répond pas à la question qui n'en était pas une. Il se demande à son tour si des gens habitent sur la lune, et si un jour on pourra y aller. Il est question aussi de savoir si leurs parents pensent à eux en ce moment, ce qu'ils font, où ils sont. Dire que Negook est beau serait présomptueux ; plutôt ramassé, trapu, mâchoire prognathe – mais le regard est gourmand, sympathique. En revanche son frère, pas plus beau mais plus gracieux, mieux fait, affiche une évidente distinction. Negook raconte un rêve, à quoi Hug-Gluq soupire car il est fatigué. Les sujets de conversation qui suivent ont été regroupés dans les catégories suivantes :

1°) La destination. Personne n'est capable de se souvenir du nom de la destination finale. Existe-t-il réellement une destination à ce voyage ?

2°) Belalcazar (est-il fou ? Et si oui, ne sont-ils pas le jouet de sa folie ?)

3°) Malebosse

4°) Malebosse

5°) Trouver un autre sujet

6°) La probabilité que tout cela ne soit qu'un piège

Avant d'aller dormir, comme Hug-Gluq ne voudrait pas que la journée s'achève sans avoir la vérité sur l'affaire, il s'inquiète une dernière fois au sujet de la tornade : est-ce que oui ou non quelqu'un le croit, c'est ce qu'il aimerait savoir. Fontaine est revenue entre-temps, vêtue de sa seule chemise de nuit. Les cabines sont étouffantes, pfff, impossible de dormir. Elle voulait prendre l'air une dernière fois, dit-elle, rapportant qu'un moustique est venu la réveiller comme elle rentrait dans son premier sommeil, or le premier sommeil est le plus important, et si loin des côtes les moustiques n'existent pas ; cette réflexion ayant fini de la réveiller complètement (comment diable se fait-il qu'un moustique vole parmi nous ?) elle s'est levée pour le filer et c'est alors qu'elle a entendu des cris étouffés, le choc d'une lame d'acier contre une autre lame d'acier, ou quelque chose d'approchant, et qu'elle est allée voir si la vaisselle en équilibre sur l'évier ne s'était pas brisée en tombant.

Hug-Gluq a posé sa question doucement, sans trop y croire, et il a raison. Personne ne lui répond. Deux minutes plus tard il descend se coucher. Il entend qu'on le suit presque aussitôt pour lui dire à travers la porte que ce soir il est de quart. Il répond qu'il s'en fout. Qu'il est crevé. Qu'il les prie d'aller tous se faire foutre.

*

À minuit, par trente-six degrés quinze minutes de latitude sud et quarante-deux degrés dix minutes de longitude ouest, sous un vent mou et une mer hachée, une forme indéterminée est repérée sur la mer. On sonne la cloche. Chacun court à son poste et le bateau vire rondement pour éviter l'obstacle.

– C'était un radeau.
– Un tronc, plutôt.
– Il y avait un homme dessus.
– C'était peut-être un homme-tronc.

## *12. Le convoyage tarde*

Le lendemain, le convoyage est attendu : bien qu'aucun poste n'ait été défini, tous les membres de l'équipage sont à leur poste, à cran. Personne n'a reparlé de la forme indéterminée de la veille qui flottait à deux brasses de la coque. Le convoyage n'arrive pas.

La journée s'écoule à ne rien faire, lourde et chaude ; c'est étonnant comme la canicule est tombée d'un seul coup.

La *Catherine* traverse une zone anticyclonaire de dévents avec ciels d'intervalle et altocumulus ; la mer est belle, sensiblement ridée, les voiles s'affalent sur les vergues comme de la baudruche usée, le bateau n'avance pas, le tourbillon se prépare à charger sous une forme encore indéterminée, passant discrètement à côté du bateau sans provoquer la moindre agitation sur l'eau, plongeant au fond de l'océan peuplé de créatures benthiques, toutes plus hybrides les unes que les autres, regardant vers la surface l'eau claire et le bateau qui apparaît au centre d'un couloir de lumière pyramidal et scintillant, créé par les rayons du soleil presque à la verticale, et vu du dessous, très nettement, il est aussi vulnérable qu'un enfant de deux ans sans sa mère ou, pour filer la métaphore, qu'un bouchon de liège dans des canalisations qu'une chasse d'eau tirée s'apprête à ravager ; quand vers le soir Belalcazar reçoit la visite d'un pigeon voyageur.

Sa patte gauche porte un rouleau en plastique à l'intérieur duquel est glissé un mot l'informant probablement de l'indisponibilité du convoyage ou de quelque autre situation de la plus haute importance ; Hug-Gluq est muni d'une lunette d'approche télescopique en laiton, il aperçoit le pigeon de loin et le signale aussitôt à Negook qui le signale à Malebosse qui le signale à Belalcazar qui rejoint l'avant du bateau, tend son bras et le pigeon se pose sur sa tête. Fontaine lui vient en aide. Il faut prendre le pigeon à pleine main, pour elle ça ne fait aucun problème mais certaines personnes détestent toucher les oiseaux, et là, croyez-le, Belalcazar n'est pas très à l'aise : le pigeon s'agrippe obstinément à son crâne. Fontaine s'empare du pigeon pendant que Belalcazar et Negook tentent d'extirper la feuille du rouleau en plastique et le pigeon bat des ailes, essaye avec sa petite tête de donner des coups de bec sur les doigts des uns et des autres, parsemant le pont d'une centaine de plumes grises et blanchâtres pas plus grandes que le pouce, une particulièrement se détache du nuage et s'envole, erre quelques jours, se pose, dérive quatre mois dans les courants du sud avant d'être coulée par un remous d'ormeau.

Le soleil écrase ses rayons dans l'eau, créant une tache immense en surface, mouvante, plus exaspérante encore pour la rétine que le soleil lui-même. Tout le monde est sur les nerfs. Les visages sont livides. La chaleur sur le pont devient insupportable. N'importe quel moyen est bon pour se rafraîchir, si seulement il y en avait un. Seule Malebosse se plaint d'avoir froid. Elle grelotte. Sa peau est glaciale. Dès dix heures du matin, des méduses ont grimpé sur le dos des plus grosses pour avoir moins chaud, se reproduire, voir la mer de plus haut, que sais-je, et avant le début de l'après-midi elles ont doublé en volume et en nombre, ce qui devient très alarmant, rend totalement impraticable descente et montée depuis le bateau, et donc impossible la distraction d'aller se baigner comme Negook l'avait d'abord souhaité. Il s'est levé avec un mal de tête atroce qui inflige une pression derrière les yeux et bat dans les tempes comme un marteau piqueur contre lequel rien n'a d'effet, aucune aspirine ni parole gentille. Son humeur est détestable.

Le déjeuner est succinct, il a lieu dans la salle de réunion où il commence à faire encore plus chaud que sur le pont car l'air ne circule pas : sandwiches pour tous, repas sur le pouce, thé et, pour ceux qui peuvent, sieste. La tente dressée habituellement pour les repas est en train de fondre au soleil. Sur la table, des taches de graisse de frite mijotent, témoignent du temps jadis et finiront par disparaître sous la canicule en imprégnant complètement le bois de la table. Pour la première fois, Malebosse a faim et semble prendre vie. Avant la fin du déjeuner, Negook, qui n'a rien mangé, s'évanouit dans le verre de Fontaine. Au réveil, des flashes lui brouillent la vue, il n'est pas loin de vouloir s'arracher la tête. Cependant il ne cesse de déblatérer des vérités sur le monde qui lui seraient communiquées précisément quand sa tête est sur le point de sauter : les politiciens nous mentent, il faut réhabiliter le vote des bêtes sauvages, l'humanité prendra fin quand tout aura été saccagé par les mains des plus puissants, la solution vient de l'esprit, vive le vent, vive le vent d'hiver, marchons tous d'un même pas vers demain.

C'est alors que Malebosse pose sa main sur son front et Negook est guéri. Il dira que sa main a agi comme un glaçon dans ses veines. Tout le reste de la journée est passé à vouloir toucher Malebosse.

## *13. Seuls au milieu de l'océan*

Le mot est illisible, il a dû prendre la pluie. Il passe de main en main. Hug-Gluq déchiffre quelque chose comme parasol ou permafrost en milieu de phrase et sultan, plus bas, ou soutane. Negook confirme qu'il s'agit de permafrost pour le premier, quant au deuxième il pencherait pour salade ou glissade, et Fontaine n'a pas trouvé mieux.

Le pigeon vient de partir vers l'est ; aveuglé ou apeuré par leur blancheur, il s'en est fallu de peu pour qu'il restât prisonnier du perroquet, aussi du grand hunier, mais le premier se fit une joie de lui voler dans les plumes ; ses petites ailes ont paniqué, c'était douloureux à voir, une lutte s'est engagée avant que le pigeon ne puisse se dégager et trouver une issue ; tous l'on regardé s'éloigner comme la promesse d'un jour meilleur qui leur file entre les doigts. Ah, si seulement les hommes pouvaient battre des bras et s'envoler, l'or serait déjà trouvé.

Tout le temps qui les sépare du dîner est occupé à jouer à déchiffrer les deux mots et à reconstituer un message en rapport avec le contexte. Permafrost est abandonné au profit de Pearl Harbor, celui-là même abandonné pour Perdre le nord, à l'unanimité jugé hors de circonstance, bien que sibyllin et peu convaincant.

Pour conclure, rien de vraiment intéressant n'est cité, alors décision est prise de faire comme si le pigeon voyageur n'avait jamais existé et d'avaler le bout de papier.

*

Le bateau dérive cinq jours durant sous une chaleur croissante et un vent nul, sans que rien du tourbillon ni du convoyage attendu ne casse l'imperturbable et chiante linéarité de l'horizon.

Les manœuvres sont réduites au minimum, il n'y a rien d'autre à faire que de prendre son mal en patience, attendre la fin de l'anticyclone, faire ce que l'on n'a jamais eu le temps de faire : cirage, lavage, briquage du pont, fourbissage des cuivres, graissage des parties métalliques mobiles. Serrage et desserrage des voiles.

Deux dauphins aux bonds parallèles sont vus dans le lointain. Un banc de raies pastenagues à queue épineuse passe. Un autre jour c'est la perpendiculaire d'une queue de baleine qui tire les cœurs de la monotonie. Negook est passionné par les baleines à bosse, elles mangent du krill et du plancton, beaucoup l'été, peu en hiver ; leurs fanons sont au nombre de huit cents, elles pèsent jusqu'à quarante tonnes.

Il y a des matins où le pont est jonché de poissons volants encore vivants qui ont atterri là pendant la nuit et que certains remettent aussitôt à l'eau. Fontaine en garde suffisamment pour les repas, même si la chaleur en cuisine devient inhumaine.

On ne racontera pas tous les mirages, les faux tourbillons, un troupeau de bisons migrant vers le nord, la lecture d'un présage dans le chant des sirènes, l'apparition d'une tong à la surface de l'eau.

Après seulement quelques semaines de mer, les désirs de la chair, proportionnels à la poussée du mercure dans le tube, crient famine, particulièrement chez les hommes qui ne se gênent pas pour le manifester. Hug-Gluq commence à avoir des vues sérieuses sur Malebosse, l'imaginant sous sa chemisette en soie – aux plus fortes heures du soleil, ruisselant de partout, le corps sec et les muscles bandés, allongé sur sa chaise longue bricolée de ses propres mains, Hug-Gluq, dans l'incapacité d'enlever de sa tête la représentation imaginée de Malebosse nue, n'a plus su comment réprimer ce désir fort et subi qui l'a habité tout d'un coup de faire l'amour à cette fille toute sa vie.

*

Quand le vent revient enfin, on n'est pas loin de tomber comme des mouches. La canicule a éprouvé les organismes ; Belalcazar avait fait distribuer à chacun vingt livres d'oignons avec ordre de les consommer sur-le-champ pour éviter la déshydratation et le scorbut. On a mangé du plancton, riche en acide ascorbique et bourré de vitamine C. Les mégaptères en raffolent, Negook était aux anges. Allongé sur le ventre, il a mimé la nage d'une baleine qui passe son œil à la surface, les éclabousse et fait claquer sa queue pour les remercier. Il y a des milliers d'animalcules et de petites algues en suspension dans le plancton, qui grouillent à l'intérieur. Résultat : l'équipe a tenu le choc. L'aventure va pouvoir continuer.

Oh, la brise est faible, mais elle grossit tranquillement. On respire de nouveau. La température est supportable. À la météo, ils annoncent un temps stable pour toute la semaine. Chacun est prêt à repartir, les voiles s'arrondissent, il faut redresser le cap, revenir au vent, border la misaine au plus près, capter l'énergie cosmique et sismique du vent géostrophique qui plane et sourd du plus profond de la terre : Panamá, nous voilà.

Belalcazar prend la barre. Il motive ses troupes en gueulant tout un tas de choses plus ou moins cohérentes, censées réveiller les esprits et les corps. Avant la fin de la journée, le vent offre une bonne prise par le travers ; la *Catherine* se met à rouler régulièrement dans le soleil du soir, heureuse comme un cheval sauvage, éventrant de son beaupré la houle rougeoyante qui se répand sur le pont en gerbes de salive et d'embruns. À une autre échelle, elle ressemblerait à un jouet télécommandé. Jamais goélette n'a été plus douce à manœuvrer : elle pénètre l'eau comme du beurre, répond parfaitement aux désirs. Belalcazar pense que le plus dur du voyage est passé.

## *14. Où les premiers ennuis surviennent*

Les premiers ennuis surviennent maintenant.

Negook s'est isolé à la poupe du navire sous la grand-voile qui l'ombrage et lui rappelle sa mère, allez savoir pourquoi. Il ferme les yeux. Devine, pour l'avoir observé plusieurs fois, le spectacle hypnotisant, non loin de là, de l'eau qui file à l'arrière du bateau, deux lignes blanches parfaitement parallèles se séparant et se croisant pendant que deux lignes blanches parfaitement parallèles se séparent et se croisent – spectacle lui ayant déjà inspiré toutes sortes de réflexions philosophiques sur les gens, la reproduction de l'espèce, la vie, la construction du bonheur qui ne tient qu'à soi et à l'idée que l'on s'en fait.

Il a tombé la chemise. Sur la steppe clairsemée de son torse poilu brille une chaînette en or brut. Le dos nu, appuyé à l'une des flasques encore chaude du grand mât, laisse voir aux épaules deux muscles saillants à peine plus gros que l'intérieur d'une moule après la cuisson.

Il est dix-huit heures trente. Un couvre-chef en paille lui descend sur les yeux et dissimule en partie son identité. Il joue de la guitare en mâchant un cure-dent ; l'ombre du chapeau arrive aux deux tiers du cure-dent, qui n'est pas un cure-dent mais une herbe fraîche de la taille d'un cure-dent (en pleine mer, où l'a-t-il trouvée ?). Le moins que l'on puisse dire, c'est qu'il joue bien. Debout. Jambe droite croisée sur jambe gauche avec cheville droite sur tibia gauche, environ. Le tout en appui sur les lombaires forcément. Sans regarder ses doigts.

La guitare est une guitare Tango, du nom de son inventeur Georges-Éric Tango, luthier de père en fils, astrophysicien et musicien de rue, adepte du picking et précurseur de la basse électrique : il a conçu quelques-unes des plus belles guitares de l'histoire des guitares dans le monde. La Tango en est une petite, classique, au son clair et à la manipulation compliquée, qui se glisse dans un sac de voyage mais se trouve facilement dans le commerce. Negook apprit à en jouer grâce à Stella Quelque Chose, cantatrice italo-belge, divorcée, mère de quatre jolies filles ressemblant à leur père ; en moins de deux elle tomba sous le charme de l'Indien aux gros bras débarqué par hasard en Suisse après une éprouvante semaine en stop sous la pluie. Elle venait en représentation dans le pays, lui travaillait à l'époque comme saisonnier. Son T-shirt était trempé, elle lui dit de l'enlever, il l'enleva, elle se rapprocha, il recula, elle l'attrapa, tâta son pectoral droit, mit le T-shirt au sale et leur idylle dura quatre jours et cinq nuits au cours desquels Stella enseigna les bases à son élève : gamme, arpège, accord, maintien du manche et position des doigts dans les fentes – de quoi s'en tirer seul par la suite. L'Indien s'enfuit par une nuit de lune gibbeuse après que sa muse lui eut fait cadeau de l'instrument qu'il brisa malencontreusement deux semaines plus tard lors d'un combat de rue. Il n'a jamais cessé d'aimer la guitare, et quand il joue c'est Stella qu'il revoit, ses jambes, ses yeux, son petit nombril rond qu'il se plaisait à baiser tout en lui chatouillant d'une main libre et dextre le dessous des orteils. Il joue aussi du banjo, de l'harmonica et de l'accordéon.

Disons-le : c'est la première fois que Negook présente bien. Son teint est plus hâlé qu'au jour du départ, légèrement. Le vent a coiffé ses cheveux de telle manière qu'il est assez beau ainsi, raie sur le côté, rasé de près, yeux d'un vert plus vert que leur vert originel grâce à la réverbération de l'eau, la clarté du ciel, le mélange des deux ou par contraste avec le cuir de sa peau. On croirait qu'il sort de sa douche mais il n'y a pas de douche à bord ; pour se laver c'est débrouille-toi comme tu peux.

Il est assez sûr de lui ce soir et c'est probablement la raison pour laquelle il est beau. N'a presque plus peur de rien. Aime jouer. Aime chanter aussi. Chanter et jouer en même temps, il sait faire, il sait même faire très bien. Sa voix est belle, perchée très haut, elle surprend. Les notes, précises, sont roulées sur les cordes du bout des doigts pour commencer, détachées, débarbouillées, puis liées entre elles par un balayage du pouce bientôt suivi de toute la main : naissance des accords, mélodie légère, son pop. Et puis ça ne manque pas. Hug-Gluq rapplique. Il arrive en trottinant, la mine réjouie, évitant de justesse dans sa course un escabeau posé sur la tranche et un seau. Des deux frères c'est bien lui le plus spontané, le plus extraverti. Il chante en ouvrant grand la bouche, en articulant. La voix de Hug-Gluq est encore plus douce que celle de son frère, presque inaudible, si bien qu'au début on se demande s'il ne fait pas du play-back.

Ils chantent en langue yupik des rengaines de leur pays qui parlent de phoques et d'épouses retenues dans les glaces, d'amour, de chasse au narval. Negook a une manière de gratter les cordes très particulière, qui met du rythme, et Hug-Gluq ne peut s'empêcher de le suivre en improvisant des maracas avec deux cuillères en inox ; il trouve aussi le moyen de fabriquer une grosse caisse et des cymbales grâce à une boîte de conserve familiale et un couvercle de casserole. Ces garçons, ils ont le rythme dans la peau.

Le reste de l'équipe rejoint les musiciens assez rapidement ; la nouvelle s'est répandue qu'un bœuf est parti à l'arrière du bateau. Le soleil est encore clair ; même couché, ses rayons balayeront le ciel pendant une bonne partie de la nuit. Les jours rallongent. Fontaine n'a pas hésité une seconde : elle sort le poêlon sur le pont, compte cuire la viande au grand air et sur des charbons ardents, ce qui ne rate pas – dans ce genre de voyage où tout peut arriver, le meilleur comme le pire, la moindre occasion de faire la fête est bonne à prendre se dit-elle –, et les plus affamés se précipitent autour du barbecue improvisé pour piquer les brochettes.

On sort tout, on grille tout, et à la fin on se rendra compte qu'il en manque pas mal pour la suite du voyage, ça cassera un peu l'ambiance, il faudra se restreindre. Quelqu'un a même trouvé des caisses de vin en plus.

Un accrochage léger s'est produit entre Malebosse et le reste du groupe quand le barbecue a été sorti ; elle a fait comprendre par des gestes qu'elle préférait voir le barbecue installé plus loin des mâts à cause de la fumée qui part directement dans les voiles et peut les endommager sérieusement – en cas de problème, elle est chargée de les réparer. L'alcool aidant, cela n'a d'abord pas entamé la bonne humeur ; notre gentille fête se prolonge tard dans la nuit, éclairée par les cendres du barbecue et quelques morceaux de bois que l'on a rajoutés pour nourrir le foyer et produire un authentique feu de camp. Chacun, à tour de rôle, est en train de montrer ce qu'il sait chanter, danser. Hug-Gluq s'essaye au folklore russe. Fontaine improvise une danse du ventre. Negook joue de la guitare debout en remuant souplement du bassin, pieds rapprochés, petits pas qui avancent, reculent, sur une ligne imaginaire courte. Belalcazar tape dans ses mains, n'aime pas danser, se contente de regarder en se rappelant les boums de sa jeunesse, son incapacité fondamentale à exhiber sa sensibilité par l'expression du corps, la honte du regard des autres, la peur des filles ; il se rappelle le confort des canapés dont il ne levait pas les fesses, ou alors seulement pour attraper les miettes du buffet et s'éclipser aux toilettes. C'est au cours de ces insignifiantes réjouissances qu'il avait eu l'idée de choisir l'armée comme terrain d'épanouissement personnel.

Bientôt on commence à en avoir assez de supporter Malebosse qui tire la tronche. Elle gâche un peu la fête. C'est vrai, quoi, regardez-la : elle ne dit rien, ratatinée qu'elle est sur un tas de cordes mal lovées, les genoux remontés au menton dans l'attitude d'un enfant qui boude, en train de siroter une menthe à l'eau sans glaçon. Le reflet du feu dans ses yeux lui donne un regard jaune de hibou. Et la soirée dégénère. On est sur les coups des deux ou trois heures du matin. On a bien ri, bu. Belalcazar a appris à l'assemblée des chansons du monde entier, des chansons de marins, de pirates, ça finit par des chansons salaces, et c'est à ce moment-là que tout commence à basculer. Il appelle Catherine en faisant mine, comme l'autre soir, de vouloir aller la chercher au fond de l'eau. Il dit Catherine, Catherine. Il saute partout. Il est en transe. Je n'aime que toi.

Hug-Gluq tourne sur la tête. Fontaine a failli montrer ses seins. Negook s'endort sur sa guitare. Chacun se débrouille comme il peut, piqué par un animal fou. Soudain Hug-Gluq se met à brailler. Il est soûl. Il s'est démis l'épaule en voulant faire sa pirouette et hurle de douleur. L'humidité commence à tomber et le sol est glissant. Quelqu'un l'aide à se relever. Il refuse d'être aidé. Il demande un médecin. On lui dit qu'il n'y a pas de médecin à bord, juste Fontaine ; elle n'est pas médecin mais possède les bases. Hug-Gluq se défend. Il ne veut pas qu'elle approche. Elle lui demande où il a mal exactement. Non, non, dit-il. Il a changé d'avis. Il ne veut plus de médecin. Il dit que les médecins sont des cons. Tous. Les infirmières aussi. Et les chiens, les banquiers. Ils sont tous cons. Tout le monde est con. Même les gens intelligents. Il menace Fontaine de la jeter par-dessus bord si elle tend ne serait-ce qu'un doigt vers lui, ne serait-ce que pour l'effleurer. Il veut pisser. Il répète qu'il veut pisser. À l'entendre c'est la chose la plus importante de sa vie. Il se lève, urine avec imprécision dans un vase de Chine vert de jade. On le somme d'aller se coucher, de se reposer. Il ferme les yeux douloureusement le temps de comprendre l'information et, la chose faite, il part s'effondrer dans une barrique de pommes en bougonnant je vous emmerde tous.

Il pleut. La houle se lève. Le bateau tangue et la barrique se renverse, roule, passe par-dessus bord. Hug-Gluq est à l'intérieur. Il est promis à une mort certaine. Les vagues deviennent énormes. La barrique apparaît et disparaît dans les vagues. On la voit à peine tellement la nuit est noire. Elle va couler. La tempête que l'on attendait arrive. Évidemment, cette chaleur, ce soleil, ce n'était pas normal. On lance une première corde, raté. Une deuxième. Encore raté. La troisième est la bonne. On la ramène à bord. Elle est vide. Hug-Gluq avait été projeté hors de la barrique quand elle a commencé à rouler. Il est resté sur le bateau. Il est en train de dormir, étalé comme un chien devant une écoutille. Par contre c'est Malebosse qui a disparu. Trois longs coups de corne de brume retentissent dans le lointain. Jean-Philippe fait son apparition dans l'histoire.

## *15. Jean-Philippe*

Il est large comme un bœuf, haut de six pieds trois pouces, plus d'une toise – jamais vu une bête comme celle-là. Sa voix est forte, caverneuse ; elle pourrait doubler un ogre. Il surgit de la barrique comme un diable à ressort ; personne ne peut dire comment il est arrivé là. C'est la surprise générale. Le coup de massue sur la tête. Hug-Gluq a ouvert un œil, levé la tête.

Negook protège sa guitare. Ils sont prêts à se défendre, faut pas croire. Ils savent se battre. Mais l'homme brandit un terrible sabre.

Il porte une barbe noire en bataille, des cheveux comme la barbe, un pantalon de feutre, une ceinture rouge sang autour du pantalon, une cape assortie à la ceinture, des boucles d'oreilles en laiton, une balafre sur la joue gauche, toute la cruauté du monde dans le sourire. Son regard ressemble à celui d'un loup affamé. Il est vraiment immense, c'est ce qui est le plus impressionnant. Six pistolets armés sont accrochés aux cartouchières qui lui bardent le torse. Des mèches à canon, combustion lente, sont plantées et allumées dans ses cheveux. Avant de parler, il se sert un verre de rhum, verse de la poudre à canon dans le verre, y met le feu et engloutit le verre. Il ne se présente pas car, comme il le dit lui-même, tout le monde sait qui il est. Toutefois, personne sur le bateau ne sachant qui il est vraiment, Belalcazar s'arme de courage et lui demande poliment qui il est, donc, au juste. Jean-Philippe se met alors dans une rage folle, détruit la barrique en écartant les jambes, sa barbe et ses cheveux volent, crépitent, il fait quelques pas pour se rapprocher du groupe ramassé dans un coin du bateau, prêt à prendre la fuite dans la barque de secours.

Il se décrit comme un fier et redoutable pirate dont la force n'a d'égal que le courage et qui ne connaît pas la peur ; la terreur des mers, en somme. Il énumère les crimes et les malversations commis sur des populations innocentes et sans défense, les mensonges, les trahisons, les vols, les pillages, les captures, les plans maléfiques qui ont pu germer dans son cerveau sans foi ni loi ; enfin tous les gros mots qu'il connaît, des grossièretés les plus chastes aux calembours obscènes, indécrottables. Il se targue de pouvoir dire deux choses à la fois, de deux voix différentes, comme si son corps était habité par plusieurs démons. Il prétend aussi que seul le diable peut l'égaler en mal – nous voilà bien.

C'est simple : il veut tout l'or. Il dit qu'il va couper des têtes. Il brandit son sabre d'abordage. On lui explique calmement qu'il n'y a pas d'or à bord et il dit que dans ces conditions il prend le bateau en otage, il exige qu'on le mène au trésor, là-bas il repartira en laissant tout le monde à terre avec une petite chaloupe et des provisions de haricots. Fontaine, qui a entendu dire que les pirates convoitent les coffres de médicaments pour se soigner, propose de lui offrir le leur ; sur ce, elle court le chercher mais l'assaillant sans scrupule le jette aussitôt à l'eau et il n'y a plus aucun médicament. C'est malin. Il est deux heures du matin. La tempête se calme.

Vers cinq heures, comme Jean-Philippe joue toujours parfaitement son rôle, tient encore toute l'équipe sous son sabre, tremblante, et l'agonit d'injures et de menaces, juste avant que le soleil ne se lève un trois-mâts sans voiles apparaît à la surface de l'eau. La brume est tombée depuis peu et il avance très lentement dans cette brume. Le bateau coule, remonte, coule, remonte ; quelque chose se passe. Hug-Gluq, encore une fois, l'aperçoit en premier, mais sans y croire : voilà trop longtemps qu'ils n'ont plus vu, ni qui, ni quoi que ce soit sur la mer et l'individu est sacrément beurré, ce qui n'arrange rien, il le sait ; tout juste s'il ne glousse pas en invitant les autres à voir ce qu'il voit. L'objet de son étonnement, ses yeux s'arrondissant, quelques sonorités en voyelles rondes s'extirpant de sa gorge sèche, c'est la manière dont le bateau s'y prend pour avancer sans aucune voile. Il en fait la remarque à Jean-Philippe qui est prêt à lui en coller une pour le faire taire. Negook est plus sobre : après quelques secondes d'observation, aussi calmement qu'un commandant de bord soucieux de canaliser la panique vers quelque chose de constructif, il croit bon d'informer la compagnie et ceux qui ne l'auraient pas remarqué qu'il s'agit d'un vaisseau fantôme et donc qu'ils vont bientôt tous mourir car les fantômes font terriblement peur. Les paroles de Negook tracent leur chemin dans la tête de chacun, il y a un silence lourd au cours duquel on entend Jean-Philippe se racler la gorge et Fontaine entamer un Je vous salue Marie avant de s'évanouir. Belalcazar se signe. Le trois-mâts se rapproche. Il est suffisamment près pour que l'on voie certains détails avec précision : il transporte des cadavres. Un frisson parcourt le dos des spectateurs. Les cadavres sont empilés les uns sur les autres et dégoulinent de matière verte gluante. Jean-Philippe, qui a baissé sa garde, semble faire un signe à une silhouette à la barre.

La lumière dans le ciel se répand, on y voit de plus en plus clair. À son bord, on croit reconnaître Malebosse. C'est Hug-Gluq qui le suggère, mais son épaule lui fait encore trop mal pour qu'il puisse se hisser et voir convenablement. Le vaisseau reste sans bouger quelques secondes et tout d'un coup, aussi vite qu'il est venu, disparaît. L'équipe, en même temps que le jour, retrouve ses couleurs. Hug-Gluq, pour détendre l'atmosphère et laisser le temps à tout le monde de reprendre ses esprits, fait une blague, il dit que c'était peut-être le convoyage qu'ils attendaient. Cela ne fait rire personne.

*

Jean-Philippe a rengainé son sabre. À propos de Malebosse, c'est vrai qu'on ne sait toujours pas où elle est. On la cherche un peu partout et puis on n'y pense plus. Le jour est en train de se lever. Tout le monde va se coucher.

## *16. Retour au calme*

Le reste du voyage en mer se passe sans incident majeur jusqu'au chapitre suivant. Les jours s'écoulent, semblables les uns aux autres. Il a fallu réparer un mât, coudre la transversale d'une voile, rétablir le cap, récupérer trente cartes à jouer passées par-dessus bord, trouver une autre idée, fabriquer des dominos dans du bois à l'aide d'un opinel numéro cinq, sculpter des pions pour jeu de dame, une colombe, une pipe et un homme sortant du ventre de sa mère ; ce faisant des devinettes fusent, des rires éclatent, des monsieur et madame ont un fils sont exposés, ça se prend le bec à propos d'une bêtise, l'un se lève, l'autre aussi, puis réconciliation, gymnastique collective, abdominaux, fessiers, contrôle du bassin pendant la descente vers ses pieds, relâchement, on souffle et on reprend ; sieste.

Negook n'ose plus toucher sa guitare, la simple vue de son instrument le met dans tous ses états, il tremble, dit que c'est à cause d'elle que Jean-Philippe est apparu, qu'il ne faut surtout plus la toucher même si, pense-t-il, ça peut aussi le faire partir mais il craint plutôt que cela n'aille faire apparaître un deuxième Jean-Philippe ; il est désolé, il sentait que quelque chose allait arriver, c'est terrible de vivre avec un don. Belalcazar reste sous contrôle du pirate qui prend ses aises, se croit chez lui, ronfle la nuit, s'étire à vue d'œil. Il est encore plus grand que ce que l'on disait, rien de moins qu'un géant, objectivement ; personne à bord n'arrive à s'y faire (il chausse du quarante-neuf en pointure européenne). Dès qu'il apparaît la surprise est la même, à certaines dimensions le cerveau humain ne s'habitue pas. Il doit se plier partout, descendre les marches à reculons, baisser la tête pour passer sous un encadrement de porte, traverser des couloirs à genoux, rejoindre la cuisine en rampant, soigner ses rotules, panser ses plaies à la tête, porter un casque. Fontaine lui arrive au nombril. Il se cogne aux coins, renverse tout, se plaindrait, soi-disant, d'un mal de dos chronique (évidemment) ; sous ses pas le plancher craque, à croire qu'il est là pour tout faire foirer, renverser l'ambiance, casser le bateau.

Lui trouver un lit a été toute une histoire. Menace du sabre à l'appui, il a d'abord exigé de Belalcazar qu'il lui cède sa cabine sans broncher, mais le lit ayant été jugé trop bruyant, grinçant, et de toute façon trop petit, proposition a été faite d'occuper celle et celui de Malebosse, libres pour le moment. Aussitôt, sans baisser sa garde, Jean-Philippe de dire, et il n'a pas tort : ce sera le même problème pour la taille du lit. Mais à la surprise générale on ne trouve pas de lit dans la chambre de Malebosse et Jean-Philippe peut s'allonger dans la diagonale de la pièce pour s'étirer, satisfait. On le laisse tranquille, il n'en sort que deux heures plus tard sans son sabre, y retourne dans l'heure pour récupérer son arme et n'y mettra jamais plus les pieds, jetant – aucune explication n'étant donnée – son dévolu sur le dortoir des garçons qu'il trouve probablement plus à son goût, après avoir fabriqué un hamac de récup à cordes de suspension câblées très solides, avec boucles métalliques, dans un vieux filet de pêche au thon qui pue. Le manège du couchage dura trois jours jusqu'à ce qu'enfin le filet fût fichu par Fontaine à la mer car trop sale, trop moche, empêchant tout le monde de vivre normalement à cause de l'odeur qui se répand jusque dans la cuisine, et c'est là que pour la première fois Jean-Philippe sembla plier l'échine devant quelqu'un : il jura (d'une voix fluette qui surprit tout le monde) de passer le reste des nuits dehors, tout seul, sur le pont. Ce qu'il fit.

À la vérité, Jean-Philippe n'est pas un mauvais bougre. Il se rend utile, pêche, vit du produit de sa pêche. Tous en profitent et Fontaine est ravie pour l'intendance du groupe ; depuis la fête, les provisions ont baissé de moitié par rapport à ce qui était prévu à ce stade du voyage. Il reste bien quelques plats sous vide (civet de biche à la poire au vin dans sa sauce forestière, soupe au chèvrefeuille), mais les conserves ont disparu, plus de viande, plus de produits frais. Au revoir le rhum. Au revoir le vin. Encore bonjour l'eau. Encore bonjour la tomate écrasée (purées, tartes) et les fruits pourris, et le reste de farine pour le pain, pour les sablés, pour les gâteaux à rien. Il faudra bien tenir.

Il pêche assis dans la barque de secours qu'il a décrochée de son treuil et laisse dériver dans le petit périmètre de mer que la corde le reliant au bateau, courte, lui accorde. Il ne fait rien, regarde la mer et soudain souffle dans une conque qu'il cachait dans une ample poche de sa veste sans lâcher la mer des yeux. La conque émet un bruit sourd. Il souffle deux coups longs rapprochés, un court, puis un dernier long, soutenu (pendant lequel, un bref instant, l'œil va voir du côté du ciel si les dieux sont à l'écoute). Pose la conque. Entonne un chant d'une voix forte tandis qu'il tire d'une nouvelle autre poche un grelot fait de coquilles d'huîtres et de moules pour la chasse au requin, agite le grelot, continue de chanter son chant incompréhensible et sans air pour attirer le requin qui ne vient pas, sauf un, et alors Jean-Philippe ne chante plus, lui qui n'a pas quitté la mer du regard n'en croit pas ses yeux, la masse énorme du squale passe sous le bateau, l'aileron percute le fond de la barque, le requin mesure quatre mètres, il tourne autour de la barque, puis un second. Jean-Philippe tente de se mettre debout, exercice périlleux pour n'importe qui mais à plus forte raison pour lui, compte tenu de la circonstance et de sa taille ; les occupants de la *Catherine* qui surveillent la manœuvre du coin de l'œil lui crient de non, surtout de non, oh, la barque va chavirer, les monstres ne vont faire qu'une bouchée du monstre ; ce entendant il se rassoit, se met à genoux plutôt, voilà c'est mieux, en définitive retrouve ses marques et après quelques difficultés, sans parvenir jamais à en attraper un seul, tend un bras mal aisé au-dessus des mâchoires qui claquent hors de l'eau pendant trois secondes, affamées, chopent le grelot que l'un d'eux nageant depuis la Polynésie pourrait identifier comme une pâle imitation du sistre Larung, ou la conque, bêtement, que le pêcheur intrépide leur tend pour les exciter, avant de les voir disparaître dans les profondeurs en s'interrogeant sur la manière dont il doit s'y prendre pour manipuler l'animal sans se faire mordre et ensuite le hisser dans la barque sans que celle-ci se retourne. Pour le reste, plus simplement, il fait tremper son ex-hamac et ramène des centaines de poissons sans avoir l'air d'y toucher, à sa grande surprise d'ailleurs.

## *17. L'insertion de Jean-Philippe dans le groupe*

Peu à peu, le pirate trouve sa place ; quelques mots de l'usage courant sont échangés mais le bonhomme n'est pas bavard. On sent qu'il aimerait communiquer ; il est bourré d'affection à l'intérieur de lui, ça se lit dans ses yeux tombants et humides. Fontaine, la première encore une fois, offre au nouveau la possibilité d'ouvrir un dialogue en négociant le partage de ses prises lors des retours de pêche, mais s'il y en a un avec qui le courant passe, c'est Hug-Gluq : dès le début celui-ci déborde de zèle pour celui-là, l'aidant à se trouver un lit, à coudre son hamac, s'assurant qu'il ne manque de rien ; en échange de quoi le vieux loup lui remet son épaule en place.

Cela va de soi, rien ne prouve que Hug-Gluq est sincère. En effet, la prudence est de mise : Jean-Philippe est un mammifère féroce dont l'instinct de tueur peut se réveiller d'un instant à l'autre. Sa menace sur l'équipage pèse toujours, seulement il laisse chacun mener sa vie, déterminé qu'il est à ce que le bateau aille là où il doit aller. Son comportement peut surprendre : parfois il est en train de parler avec l'un ou l'autre, très calmement, et d'un seul coup il devient fou, se met en rage, injurie le ciel, casse ce qu'il tient dans les mains, une conque, une pipe, une poignée de porte, une main. Il redevient normal peu après et reprend le fil de la conversation. Hug-Gluq et le reste de l'équipage le savent bien : on joue la carte de la duplicité. Aussi, de son côté, l'équipe complote-t-elle férocement contre lui sans jamais le laisser paraître – Jean-Philippe les a quand même pris en otage, il faut se défendre. Mais Hug-Gluq est un garçon sain, prêt à aider n'importe qui dans le besoin. Il apprend à montrer les dents et ce n'est pas aisé.

Ils avaient d'abord pensé l'éliminer à la première occasion venue (le rapport de quatre contre un est à leur avantage) et réflexion faite, un soir que le gros s'est endormi et qu'ils sont sur le point de l'assommer puis de le soulever avec un système de cordes et de poulies pour le jeter par-dessus bord, Belalcazar fait signe discrètement à ses matelots d'interrompre l'opération et de se réunir autour de lui pour le suivre dans les escaliers menant aux sous-sols ; il a un plan. Negook tenait un gourdin en suspension à trente centimètres du crâne de Jean-Philippe, prêt à l'abaisser fermement.

Hug-Gluq avait prévu une grue en montant sur un mât. Fontaine aurait dirigé à la voix le conducteur de la grue pour mener à bien la mise à l'eau du corps.

La réunion de la veille avait eu lieu à peu près à la même heure, au même endroit, et celle de l'avant-veille aussi, en conclusion c'est un soir comme un autre depuis que les réunions du soir ont lieu, c'est-à-dire depuis l'irruption de Jean-Philippe sur les planches. Elles se tiennent invariablement dans l'espace exigu de la cuisine où ils se rendent en cet instant ; l'endroit leur offre l'assurance d'être isolés des oreilles et des yeux de l'ennemi car Jean-Philippe n'y descend plus : pour plus de commodité le pirate vit sur le pont, au large, y dort, dîne. Les autres ont fini par investir complètement l'abri, déménageant la table qui se trouvait sur le pont (le repli arrangeait ceux qui se plaignaient du froid quand la nuit tombait) pour la placer dans la cuisine ; la manœuvre a réduit encore plus l'espace mais permet d'avoir à la fois une table pour manger et un bureau pour comploter. En haut, Jean-Philippe, indépendant, fait sa tambouille, il n'est pas mécontent ; de temps en temps un poisson grillé lui est lancé du bas. On a dû s'y mettre à quatre pour faire passer la planche qui sert de table dans l'escalier et un court échange a eu lieu quant à l'emplacement de la cuisine, comme quoi c'est idiot d'avoir à monter et descendre l'escalier, n'importe quelle goélette est équipée d'une cambuse à hauteur de pont : l'exercice est à ce point délicat qu'il rappelle à ceux qui l'auraient vécu les contorsions nécessaires pour entrer et sortir d'un tank, d'un blockhaus, d'une canalisation d'eau.

Ces désagréments n'ont pas empêché la cuisine de devenir un coquet quartier général des troupes. Sous un air moite (le hublot au-dessus de l'évier ne s'ouvre pas, l'oxygène vient à manquer, les odeurs se bousculent, l'air circule mal), Belalcazar y resserre et motive ses hommes pendant des temps forts où sont énoncés brillamment des discours encourageants sur le bon devenir de l'expédition, sur le fait que Jean-Philippe ne lui fait pas peur, que la victoire est entre leurs mains, qu'il n'y aura aucune perte humaine avec lui, cette fois-ci. Il tape du poing sur la table quand la syllabe est tonique. Même Jean-Philippe sursaute. Le bateau plonge, emporté par le mouvement. Les yeux s'écarquillent et Belalcazar veille à taper moins fort. Il tient à leur faire savoir qui est le chef à bord et qui domine encore. Il raconte des histoires palpitantes où il aurait été fait dieu plusieurs fois ; au début l'assistance a écouté avec la plus grande attention et puis, les jours passant, on a commencé à s'endormir de plus en plus souvent car Belalcazar disait toujours la même chose. Il tombe entre les mains d'une tribu qui le condamne à la pendaison par les pieds pour avoir foulé les terres sacrées sans autorisation. La tribu vit de la pêche. L'honneur se joue à la pêche. Le chef lui promet la vie sauve s'il ramène douze poissons dans l'heure. Belalcazar se rend à l'étang, l'étang est vide (une association de protection de l'environnement l'assainit une fois l'an, à cette période). Les poissons frétillent dans dix centimètres d'eau et il n'y a qu'à se baisser pour les attraper. Belalcazar en rapporte plus de mille qu'il bourre dans ses poches, sa chemise, son pantalon. Il est sacré chef de tribu. On lui baise les pieds et des individus s'allongent à son passage. Les jours qui suivent sont marqués par le défilé de tout le pays, qui accourt pour le saluer. Il est vénéré comme un dieu. La situation se prolonge de plusieurs semaines aux cours desquelles il est comblé d'or. Comme il profite de la circonstance pour faire sa petite enquête sur la provenance du métal, le doute s'installe. Les plus malins se méfient. Lui, note un changement dans les comportements. Quelques-uns, en lui baisant les pieds, en profitent pour mordre un de ses orteils. Un coup d'État se prépare. Il s'enfuit.

## *18. Première évocation de Sophie*

Ils se sont engloutis dans l'escalier très dangereux parce que très raide, bien connu de Fontaine qui l'emprunte plusieurs fois par jour dans tous les sens, de face, de dos, en crabe, avec ou sans plat, avec ou sans les mains. La nuit est en train de tomber, complique l'opération. Jean-Philippe dort toujours. La pièce est aussi sombre qu'une cave. Fontaine a ouvert la marche, les garçons sont à l'aise, Belalcazar se méfie de la dernière. Même en plein jour le hublot au-dessus de l'évier ne laisse entrer qu'une lumière faible. Il est fêlé. Fontaine ne l'avait pas remarqué. Quelqu'un, depuis la mer, aurait jeté un projectile contre la vitre ? Ou un poisson volant venu la percuter ? (Il n'y a pas eu d'oiseau hors le pigeon voyageur.) À bord, la lumière est revenue. Belalcazar allume la lampe. La peau de méduse séchée se consume très lentement et peut servir de combustible. Roulée, elle donne une mèche plus haute que les anciennes mèches hautes. Autre chose à vérifier : il semblerait que l'odeur des nouvelles mèches qui se consument fasse fuir les méduses qui s'accrochent encore à la coque. Auquel cas : remonter le plus possible de méduses pour subvenir à l'éclairage du reste du voyage et faire partir les autres.

La flamme flanque sur les joues des gifles de braise qui excitent Fontaine, attisent le feu qui brûle déjà en elle. Elle s'est placée en face de son capitaine et n'écoute qu'à demi ses instructions, perdue dans la contemplation des battements de ses lèvres qui dansent comme deux sushis frais. Elle souhaiterait rentrer à l'intérieur de lui tellement elle est amoureuse. Manger ses bras. Être son ventre. Voir ce qu'il voit. L'habiter complètement. Se peut-il que lui puisse jamais se passer d'elle ? Ses yeux la regardent, ne la regardent pas. Il dissimule ses sentiments. Se drape sous ses airs de capitaine. Sur le pont, juste au-dessus, on perçoit les mouvements du corps de Jean-Philippe pris dans son sommeil, ça fait comme un énorme sac de pommes de terre que l'on roule ; au loin s'élève une longue plainte, un gémissement de sirène de bateau ; l'identification est difficile, il se pourrait que le son sorte des bronches de Jean-Philippe lui-même. Hug-Gluq a la chair de poule, au contraire de Belalcazar qui semble très sûr de lui, est en train de leur dire qu'un gaillard comme celui-là les aiderait sans nul doute à se défendre contre les ennemis et les dangers, il vaudrait mieux le garder, et puis de toute façon c'est dans son intérêt que le trésor soit trouvé ; c'est même une chance qu'il soit là.

Plus que tout, Belalcazar craint les combats navals, auxquels il n'a jamais participé ailleurs qu'en jeu de société. Lors de son dernier voyage, des pétroglyphes ont été découverts en pleine jungle, gravés sur un rocher haut et long de plusieurs mètres. Ils représentaient des figures que Belalcazar a tout de suite pu identifier comme étant des animaux (dont deux jaguars), des visages, des serpents, des croix et d'autres signes moins faciles à reconnaître du premier coup. Nous avions là des indications précieuses sur l'existence de Païtiti, une sorte de carte mémoire précise qui révélerait l'emplacement de la cité et de ses trésors si le message pouvait être déchiffré. Belalcazar était content. Le mot pétroglyphe lui plaisait. Il ignorait sa signification, il ignorait même ce qu'il allait pouvoir en faire, de ces pétroglyphes, mais il était content. Il s'est mis à tourner sur lui-même d'excitation. Il a cessé de tourner puis a dit, après quelques secondes de calme, comme au terme d'une grande réflexion : ce n'est pas en une heure que nous allons pouvoir déchiffrer ces informations, la nuit vient. Les gars qui l'accompagnaient ont opiné du chef, ou s'étaient endormis – la découverte donnait l'opportunité aux marcheurs de faire une pause. Avec une brosse à poils doux, le capitaine a commencé à brosser les lettres, enlevant délicatement le lierre qui venait pousser là où il ne fallait pas, et reproduisant ce qu'il pouvait dans son carnet. Il ne parviendra jamais à se relire, et encore aujourd'hui, le mystère des pétroglyphes reste entier.

L'objectif principal de cette quatrième (et dernière, on l'espère) mission à bord de la *Catherine* est donc de trouver les pétroglyphes + installer un campement + ne reprendre la route qu'une fois le message des pétroglyphes décodé. Païtiti est à côté des pétroglyphes, tout près, contre, juste derrière, quelque chose comme cela. Il en mettrait sa main au feu. Il suppose même qu'en contournant Païtiti, on tombe sur Païtiti (il faut entendre par là : « si tu veux atteindre ton but, détourne-toi de ton but »).

– Oui, on ne se débarrassera de Jean-Philippe qu'une fois le trésor trouvé, dit-il. Les moyens ne manquent pas. Si ça embête quelqu'un de le tuer, nous le sèmerons dans la forêt. Il est assez gros et lourd, nous n'aurons aucun mal.

Hug-Gluq trouve l'idée très bonne, à condition de lui laisser de la nourriture pour qu'il ne meure pas, et Negook vient au filet (il n'a pas lâché son gourdin) en reprochant à son frère son bon cœur ; il enrage :

– Tu n'as donc aucun soupçon de méchanceté ? Crois-tu que l'ordre s'obtienne par les bons sentiments ? Cet enfoiré est en train de réfléchir à la manière dont il nous tuera, et toi tu parles de lui laisser de la nourriture ? Ne sens-tu donc pas battre les ailes de l'orgueil dans les cavités de ton poitrail ? Les chevaux de Parménide n'iront pas au bois sans l'intercession des sylphes. Prends garde à toi, ô esprit des anges ; puisse le ciel ne jamais se réfléchir dans tes yeux et finir sous les cheveux ; il nous faudra plus de force à nous tous qu'il n'en a fallu à Hercule pour soulever la montagne sacrée. Si tu le veux, prions le ciel que l'Éclair Final, au cœur des ténèbres, porte sa lumière jusqu'au centre de nos estomacs, et que de nos corps se dresse le paratonnerre de la mort contre qui rien ne peut, pas même la mort, pas même la vie, nous éloigner de notre destin. Le monde se refermera quand viendra l'heure des trompettes, et l'océan est un miracle de douceur où les membres fatigués par une vie de combats flottent dans des champs abandonnés. Ne laissons pas les pieds gagner du terrain sur le reste. Devenons solidaires. Abritons-nous sous une même main. Les lignes de vie sont plus longues quand on les met bout à bout. Ensemble, nous vaincrons.

Il est debout, le gourdin dressé vers le ciel, lourd et menaçant. Belalcazar laisse un blanc, l'invite par ce silence à ranger son arme et à se rasseoir gentiment pour se calmer.

– Évidemment, reprend le capitaine avec contrôle de soi, sans Malebosse, la navigation se complique.

Mais il ne s'inquiète pas. La *Catherine* arrivera à bon port. Les côtes américaines ne devraient plus tarder à apparaître. Ils les longeront pendant trois jours, passeront les trois écluses et les soixante-dix-sept kilomètres du canal de Panamá, descendront vers la Colombie où Sophie, accompagnée de Mogdan et Kycash, les attend. Ils seront guidés dans la jungle et Sophie soudoiera les habitants ; elle connaît la forêt mieux que personne, parle toutes les langues, fait des études d'anthropologie en troisième cycle et possède un oncle inca par alliance.

Hug-Gluq et Negook, qui n'ont jamais entendu parler de cette fille, constatent que Belalcazar leur cache tout un tas de choses, et c'est avec soulagement qu'ils accueillent cette constatation : leur capitaine élabore des plans dans son coin, il est donc un vrai capitaine car tous les capitaines sont un peu cachottiers. Le moindre détail est préparé à l'avance, inutile pour eux de s'inquiéter. Le chemin est ouvert qui mène à l'issue convoitée. Tout au plus faudra-t-il s'écorcher à tailler des branches en travers de la voie.

La confiance règne.

## *19. Pour ouvrir sur la deuxième partie*

Au terme de la soirée, on admet que Belalcazar est un modèle pour tous et chacun se met à s'appuyer sur lui. On l'avait cru un peu lâche de ne pas s'être défendu contre Jean-Philippe le premier soir.

Hug-Gluq et Negook parlent de Sophie du fond de leur lit, essayent de se l'imaginer dans le noir en gardant les yeux ouverts sur le plafond de la cabine. Hug-Gluq n'en peut plus. Il a besoin d'une fille. Negook est plus délicat. Chez lui, les sentiments prédominent. Fontaine, quant à elle, laisse cohabiter librement le sexe et les sentiments. Le visage de Belalcazar, que la flamme n'a cessé de rendre fantastique tout au long de la soirée, est venu se loger dans un coin de son cerveau ; l'hologramme persistant de ses traits l'accompagne dans son premier sommeil puis dans son second, jusqu'à son profond, où il ne cesse de se modifier sous l'exacerbation des sentiments neufs qui, accentuant un caractère, atténuant l'autre, rendent néanmoins les anamorphoses successives toujours fidèles au modèle original que l'on se plaît à voir évoluer dans de courtes scènes de la vie quotidienne apposées, sans transition, et grignotent complaisamment les règles de la représentation du réel en affublant le personnage ici de trois bras, là d'une langue démesurée, licences oniriques que la dormeuse se plaît à exploiter à des fins érotiques, sinon sensuelles, comme dans cette scène d'anthologie sous une cascade de verdure au fond d'un parc humide où coule un ruisseau fertile d'ajoncs et d'arbrisseaux à son bord, contre une dalle en marbre froide piquetée de mousse douce où les deux protagonistes sont étendus, nus, enlacés tels deux serpents bienheureux après la mue, chacun prodiguant à l'autre par le contact de sa peau la chaleur de son cœur, de son sang, et sentant pousser du fond de ses tripes cette nature chaude qui les environne et les élève, ainsi des Palmiers et des grands Bambous de l'Inde, des Tanghins de Madagascar vigoureux, des Hibiscus pourpres de la Chine, des jets de Vanille mêlés au vent fécond d'étamines frivoles, des Bananiers vitaminés pliant sous leurs fruits ; la végétation les accueille au sein d'une totalité vivante qui les rejettera bien assez tôt, les réincarnera, Fontaine en taupe, Belalcazar en fougère, et cette taupe ira manger la fougère, et la fougère servira de pagne aux amoureux blonds qui suivront les traces de leurs aînés sur la dalle en marbre où la mousse sera moins douce mais tout aussi verte, la végétation plus dense, plus haute, le soleil plus fort et l'humidité saturée, charriant comme à l'époque son lot d'escargots et de limaces, de grenouilles et d'oisillons, de rhumatismes à force, moins saturée néanmoins, réchauffement de la planète oblige.

Que ce soit dans cette scène ou une autre, le décor, l'action, les couleurs s'attacheront à toujours mettre en valeur les vertus de Belalcazar : puissance et détermination, souplesse de l'âme et compassion, sécurité – tout ce que Fontaine aime chez un homme.

Les bruits dans le lointain ont cessé, à moins que les membres de l'équipage aient fini par ne plus les entendre ou que le vent ait tourné. Jean-Philippe s'est réveillé et marche sur le pont.

L'expédition arrive – comment nos héros peuvent-ils le savoir ? – en fin de première partie. En effet, des vents contraires ont entraîné la *Catherine* assez loin au nord sans que personne ne le sache. Quand le bateau se réveille le lendemain matin, il fait un froid glacial. Les hommes aperçoivent des baleines, des phoques et quelques pingouins. On commence à comprendre qu'on fait fausse route depuis le début et que tout va de travers. Avant le milieu de la matinée, le bateau est pris dans les glaces et il faut mettre pied à terre.

# DEUXIÈME PARTIE

# *Le grand froid*

## *20. Où l'on ferait mieux de se méfier des apparences*

Nous sommes dans la cuisine quand l'incident des glaces survient, à l'heure du petit déjeuner très exactement. Jean-Philippe s'est décidé à descendre l'escalier ; il souhaite prendre au moins une fois son repas comme tout le monde. Une rallonge a été nécessaire pour l'accueillir à table, où Belalcazar est dans de mauvaises dispositions aujourd'hui, sombre, le visage fermé, l'œil approximativement retenu sur cette lampe suspendue au plafond à cause de l'odeur qui n'est pas supportable si tôt, à jeun, quand pas plus tard que la veille elle se trouvait au milieu de la table, ce qui ne dérangeait personne ; il se doute que la décision de Jean-Philippe est un mauvais présage, il faudra désormais trouver un autre lieu pour les réunions du soir. Les petits déjeuners, comme les autres repas de la journée, se prennent à heures fixes. La régularité est une donnée très importante pour Belalcazar qui affirme : « Dans un voyage au long cours, unir les matelots autour d'une vie bien réglée, ordonnée, limite les débordements, les dépressions ; c'est prouvé statistiquement. »

Dehors, le jour est pâle. Le jour est toujours pâle à travers le hublot, par contre là le jour est vraiment pâle, Jean-Philippe aussi. Il vient d'annoncer officiellement son homosexualité à toute l'équipe en arrêtant son regard avec insistance sur Hug-Gluq, qui ne décode pas le message et se contente de trouver cela très bien, en somme chacun est libre d'être comme il est. En effet Jean-Philippe ne voit pas pourquoi il le cacherait ; c'est un fait, il aime les hommes. Il n'a pas eu peur de le dire. Il semblerait, compte tenu de l'absence de réaction, que personne n'ait vraiment enregistré l'information, à croire que la voix ne leur a pas été directement adressée, provenait d'une source artificielle, d'un poste de télévision ou d'une radio. Et puis le bateau a déjà subi une première secousse et les esprits sont préoccupés par la recherche causale de cette manifestation physique visible dans le mouvement pendulaire de la lampe, justement, qui se balance davantage sous la puissance d'une deuxième secousse plus forte que la précédente, et cette fois-ci les assiettes, les couverts, les bols et leurs contenus, tout voltige, se fracasse par terre, et Belalcazar ne regarde plus la lampe. Il faut à la *Catherine* quelques secondes de plus pour qu'il soubresaute comme une vieille bagnole prête à caler, râle, s'immobilise et commence à grincer. On est penché à tribord. Dans la cabine de vie, la respiration fait de la buée. Personne n'est à la barre. Quelqu'un monte alors en surface pour découvrir l'étendue des dégâts et la question se pose de savoir comment nous en sommes arrivés là : le bateau est coincé au milieu d'un désert de glace qui se perd à l'infini, n'offrant pas d'autre accroche au regard qu'une mince déclivité de terrain cassant par endroits le plat pays blanc étiré comme un linge sous un ciel bas, sans donner l'impression d'être habité par quoi que ce soit, homme, bête, végétation confondus. La température avoisine les moins trente et les chances de survie au-delà des vingt prochaines minutes sont quasi nulles ; l'équipage n'a rien prévu contre le froid – aucun aliment conséquent, pas de feu, pas de vêtement ; tout au plus Negook trouve-t-il dans sa malle un vieux pull angora dont il s'empresse de couvrir les épaules de Fontaine (ils auront plus que jamais besoin de ses talents de cuisinière sachant cuisiner avec rien).

Sous le choc thermique, et devant ce spectacle – non dénué de charme et d'attrait pour qui aime la désolation –, le sang de nos chasseurs d'ours ne fait qu'un tour : à les voir si gais, si vifs tout d'un coup, il est évident que la glace marque en eux le retour à l'état fœtal, sinon à leur pays d'origine, et là Belalcazar marque un point, qui les a engages. Ils seront d'une aide majeure lors des épreuves à venir, une puissante locomotive pour le reste de l'équipe. Voyez plutôt la régénération express de leurs muscles, la respiration qui s'amplifie, la cage thoracique ouverte aux trois quarts, jusqu'à la couleur de leur peau qui passe alternativement d'un bleu police à un rouge pompier. Ils ont bombé le torse, élargi les épaules, inspiré une bonne bouffée d'air tout en souriant aux éléments tandis que déjà s'était formée, partant de la commissure des lèvres, une magnifique stalactite sur l'un d'eux et que la première réaction de Hug-Gluq, aussitôt suivi par son frère, avait été de se déshabiller franchement et complètement pour descendre du bateau sans aucune protection, n'hésitant pas à s'allonger nu sur la glace, à se rouler dans un sens puis dans l'autre, puis à se frictionner et commencer à courir d'une foulée athlétique sur un périmètre équivalent à la moitié d'un stade de foot pendant au moins dix minutes, enjoignant son frère d'essayer de l'attraper s'il le pouvait (tout compte fait, cela faisait de longues semaines qu'ils n'avaient pas couru). Cet exercice aura indubitablement contribué à prolonger l'endurance de leurs organismes. Les autres feraient bien de prendre exemple avant qu'il ne soit trop tard.

Belalcazar est moins sombre que tout à l'heure. Le ciel, même sans soleil, jette un phare sur sa peau qui relève son regard et certains plis des yeux, laissant croire que l'homme est de meilleure humeur, et il l'est. Les surprises lui plaisent. Il se construit dans l'adversité. Il n'en comprend pas mieux comment ni pourquoi ils en sont arrivés là mais il est prêt à se battre. Le défi est de taille. Il se sortira d'affaire coûte que coûte, lui et ses hommes. Pour l'instant il n'a pas décroché un mot, la nouvelle donne l'assomme. Il reste muet, appuyé à Jean-Philippe qu'une autre surprise hypnotise, celle du corps de Hug-Gluq offert aux rudesses arctiques. Chacun contemple la grande étendue qui l'intéresse, Belalcazar plisse du nez, évalue le silence dans lequel ils devront vivre, cherche au moins le bruit du vent, quelque chose de vivant là-dedans, soupire, et pour la première fois du voyage s'allume une pipe. Il ne pense pas à l'éventualité de la mort qui plane sur eux. Un certain temps passe ainsi où aucune décision n'est prise ; le capitaine ressemble à un capitaine, réchauffe ses mains contre le foyer rougi de sa pipe, prend des poses mystérieuses en contre-jour sur fond d'immensité, fait croire qu'il maîtrise la situation pendant que petit à petit le froid accomplit son travail de sape, s'empare des membres, des pieds d'abord, ça devient insupportable dans les orteils, les mains, aux oreilles ; du moral bientôt.

Fontaine réagit, décide de prendre les choses en main. Il faut premièrement que les deux Indiens se rhabillent, il faut après descendre du bateau au plus vite, évaluer les dégâts et aviser de la suite des opérations. Elle réveille les esprits engourdis par la rigueur du climat, interpelle, prête une voile à Untel pour qu'il s'en entoure la taille, le ventre ou le front, fixe des cordes aux cous en guise d'écharpes, tape dans les dos, décongestionne les jambes en organisant un chat perché – sans suite.

Belalcazar reprend le dessus, merci Fontaine dit-il, sans vous nous étions perdus, nous glissions inexorablement vers l'apathie cérébromusculaire propédeutique au stade hypnagogique qui, avec de telles températures, eût constitué le dernier seuil avant la mort. Il jette sa pipe le plus loin possible pour se prouver qu'il est encore capable de jeter une pipe le plus loin possible, la pipe fait un trou dans la glace, demande aux chasseurs d'ours de bien vouloir remonter et se rhabiller, s'étonne de constater qu'ici l'écho est vide, sa voix ne porte pas, réitère sa demande avec les mains placées cette fois-ci en porte-voix de chaque côté de sa bouche, fermement, c'est un ordre, dit-il, à tout le moins cacher ce sexe qu'il ne saurait voir, ce que les Indiens ne veulent pas savoir, nous avons toujours vécu ainsi, protestent-ils, le corps exposé aux intempéries de la nature jusqu'à notre majorité, il faut respecter les mœurs de chacun, et en fin de compte enfilent quand même un slip en peau de bête, ne serait-ce que pour la santé du prépuce ou des testicules que le gel peut détacher d'un seul coup de vent. Ils sont montés sur pile, parlent beaucoup, s'agitent dans tous les sens, font penser à deux chiots.

Une première équipe descend du bateau dans le canot de sauvetage pour faire le tour de l'embarcation par l'arrière, là où la glace n'a pas encore gelé. Depuis le pont, Fontaine et Jean-Philippe les guident. Jean-Philippe n'a pas le moral. Contre toute attente, c'est lui que le froid dévore le plus. Il dit qu'il aurait mieux fait de se taire, de garder sa sexualité pour son propre compte. Fontaine est d'un autre avis, elle pense que tout est bon à dire, ça met les choses au clair, ce qui compte dans tout cela c'est l'amour, n'est-ce pas ? Jean-Philippe prononce alors le nom de son prétendant au cas où elle n'aurait pas encore remarqué, et Fontaine, jusque-là bienveillante, consolante, maternelle, ne peut s'empêcher d'écarquiller les yeux en levant les sourcils et de lui dire, avec tact, que là c'est plus du tout pareil, connaissant Hug-Gluq, le coup est à peu près foutu d'avance.

## *21. Ils vont tous mourir*

Apparemment il n'y a pas de dégât sur la coque. La barque a stationné au pied du bateau et s'avance maintenant dans l'étroit bras de mer qui s'ouvre à l'avant sous l'étrave. Le verdict est sans appel : navire immobilisé pour un temps indéterminé, au moins jusqu'au milieu du printemps.

Fontaine et Jean-Philippe observent de loin les gestes des marins, aperçoivent la tête renflée d'un cachalot à treize heures, et de nombreux oiseaux que l'on n'avait pas encore remarqués ; Jean-Philippe s'y connaît, il identifie un groupe d'alca-alla, presque semblables à la sarcelle selon lui, avec la poitrine blanche et le reste noir ; ils plongent dans ce qu'il reste d'eau et l'immersion se prolonge au-delà des quarante secondes. Jean-Philippe en a déjà vu dans d'autres régions froides. Le spectacle est fascinant, ils piquent en rafale vers une ouverture de mer dans la glace, disparaissent et réapparaissent par le même trou avec un poisson frétillant dans le bec. Ça le fait beaucoup rire, notre géant. Il retrouve le moral, comme un enfant de retour dans la ronde. Fontaine découvre alors son rire et le rapproche du carillon d'une grosse cloche.

Le groupe de trois revient à pied.

– La barque a été prise dans les glaces à son tour, hurle le capitaine de loin. Nous sommes perdus. Prions.

La situation est critique. Une solution d'urgence s'impose. Fontaine, encore elle, propose la chose suivante :

– Partons chercher de l'aide. Rester sur le bateau, c'est attendre passivement la mort. Le froid ne va pas tarder à tout faire éclater. Le bateau n'a pas été conçu pour ces températures-là. Même avec le charbon utilisé pour la cuisine, se replier dans les cabines est calorifiquement moins sûr qu'un bon igloo. Peut-être faudrait-il fabriquer un igloo ? Hug-Gluq et Negook en ont les compétences. On pourrait même faire chauffer le charbon dans l'igloo. De toute façon il faut s'attendre à passer deux bons mois sur la banquise. Dans ces conditions-là, la mort étant une issue probable, autant mourir en bougeant.

On est tous d'accord avec elle. Le signal du départ est donné avant la fin de la matinée par un coup de sifflet entraînant. Cinq silhouettes recroquevillées sur elles-mêmes, par ordre de taille, du plus grand au plus petit, se mettent en branle dans la blancheur du jour froid et du brouillard qui vient de se lever, comme par hasard au moment où ils partent, accompagné d'un vent qui n'arrange rien, souffle de face, contraint les marcheurs à ne laisser entre le sol et eux qu'un angle de quarante-cinq degrés, rend chaque pas plus difficile qu'il ne l'est déjà, ne leur donne aucune chance de sortir vivants de cette étape.

Par groupes de deux ils se tiennent la main ; chacun s'occupe de la santé de son binôme. Garder les mains serrées est très important pour déjouer la fourberie des crevasses et se réchauffer les doigts – nul n'est habilité à lire la neige pour prévoir au juste les pièges. On se contente de contourner un passage de glace moins claire que les autres, ou plus claire. On progresse au flair. Les pieds glissent. Le terrain alterne glace superficielle boueuse, glace dure et glissante, moins salissante, neige profonde ou peu profonde, molle, faibles monticules, pentes douces. Un groupe de deux est passé devant. Un autre groupe ferme la marche cependant que Jean-Philippe l'ouvre, ne tient la main de personne, teste la solidité de la glace, sert de cobaye éventuel et accessoirement de coupe-vent. Heureusement à cette époque le soleil ne se couche pas et ils vont pouvoir marcher toute la nuit s'ils le veulent; la nourriture devrait leur permettre d'aller au moins à douze heures de là. Fontaine en a bourré les poches tant qu'elle a pu. Elle se compose du strict minimum, c'est l'alimentation de la dernière chance: sardines en boîte, thon, pemmican. Le pemmican était la solution ultime en cas de disette grave. Fontaine l'avait prévu. C'est insipide mais reconstituant, non périssable, meilleur que rien, comestible même après l'ouverture prolongée de la boîte puisque tout ou presque tout dans le pemmican est déjà sec et prémâché: charqui de buffle, suif de mouton, graisse de rognons de loup et baies de busseroles – le tout à mélanger pour un rendu maximal de la saveur. Le reste des provisions a été laissé sur le bateau en prévoyance d'un retour. Fontaine a préféré prendre le moins de vivres possible pour ne pas gâcher, en laisser beaucoup sur le bateau, prolonger l'espoir d'une survie. Mais à mesure qu'ils progressent, leurs chances de retrouver le bateau diminuent considérablement car le vent efface leurs traces derrière eux et le soleil, caché sous les nuages, ne leur est d'aucun repère pour se diriger. Ils tournent en rond. Jean-Philippe tombe sur quelqu'un. Hourra. Nous sommes sauvés. Mais c'est celui qui ferme la marche. La ronde se resserre. Combien de temps allons-nous encore danser pour rien ? Un camp est dressé à la belle étoile. Il fait jour pendant toute la nuit et ce phénomène perturbe le sommeil de plus d'un, ils devront s'habituer.

Le lendemain matin ils repartent avec zéro vivre car tout a gelé. Hug-Gluq et Negook sont malades comme des chiens. Vers le milieu de la journée, comme la marche a repris et que tous vont mourir d'un instant à l'autre, c'est inévitable, Jean-Philippe trouve dans la neige un étron chaud. La plus grande partie est donnée aux Indiens qui se sont évanouis tellement la fièvre les ronge après leur imprudence de la veille. L'étron signale une forme de vie qui se développe dans le coin. Forme de vie dit nourriture, et nourriture dit victoire. Encore un petit effort et l'on sera bientôt hors de danger, à l'abri d'un grand feu sous une tente tout confort, servis par deux ravissantes jeunes filles apportant à l'envi des plats de poissons sans fin et sans arêtes, bercé par les palabres rassurantes d'un vieux sage local.

Bingo : à midi, contact avec Inyoudgito.

## *22. Inyoudgito*

Inyoudgito n'en est pas à son premier sauvetage. Il aurait déjà aidé ses chiens à se sortir des griffes d'un ours pâle, son père et son grand-père de la noyade (chasse au narval en kayak, été soixante-douze) et son demi-frère d'une glissade stupide sur l'épaule qui se compliqua en hémorragie interne grave. Il habite la région, précisément le coin, parle plusieurs langues, comprend les sentiments humains, le dénuement, la crainte, l'espérance, à partir de maintenant va tout faire pour aider nos personnages puisque les dieux de la neige et du soleil de minuit l'ont voulu ainsi, ses pas ont croisé les leurs, c'est à lui qu'il incombe de remettre les égarés sur le bon chemin. Aider l'étranger sur ses terres est un réflexe gravé dans ses gênes, une valeur culturelle, le fondement de son éducation – c'est aussi la qualité de feu sa mère à qui Inyoudgito ressemble beaucoup, dans le caractère, la grandeur d'âme, et dont il entend encore la voix lui murmurer du fond de la nuit, tandis qu'elle le berçait pour l'endormir, d'aider l'étranger quand viendra l'étranger sur ses terres.

Ils ne pouvaient pas mieux tomber. Sa tente est à une demi-heure en traîneau d'ici et à deux heures en raquettes (trois jours sans raquette et sans traîneau mais aujourd'hui, décidément quelle chance, il est venu avec son traîneau, et dans le traîneau traînent systématiquement trois paires de raquettes et des moufles de secours). Il les invite à venir se restaurer sous sa tente, à se réchauffer, à passer quelques jours s'il le faut pour reprendre des forces, soigner les malades et réfléchir posément à un moyen de repartir autour d'un grog et d'une bonne table sèche.

Hug-Gluq et Negook, les plus mal en point, sont ficelés sur le traîneau et expédiés en premier, colissimo. Le traîneau, guidé par les chiens, reviendra prendre le reste de l'équipe, qui aura commencé à marcher. C'est un homme petit, à la voix perchée, d'environ cinquante ans, au regard vif et aux gestes précis, calculés, rompu à l'exercice de l'économie des mouvements en pareille condition, parfaitement à l'aise dans les climats extrêmes, aussi à l'aise dans le froid qu'un marin dans la houle moyenne. Son corps est caché sous d'épais vêtements qui ne permettent pas pour le moment de savoir s'il est maigre, gros, râblé ou fin.

Son équipement complet en fourrure de renne, moufles comprises, a l'air d'être confortable et chaud, donne envie à tous, particulièrement cette belle paire de bottes à semelles d'ours que lorgne Belalcazar, dont les engelures aux pieds sévissent. Les semelles en peau d'ours assurent au pied une adhérence parfaite sur glace comme sur neige ainsi qu'une isolation totale de la plante. Les Indiens l'auraient su. De telles bottes sont suffisamment solides pour résister à une année entière de trek sur les terrains les plus accidentés. Aujourd'hui il fait assez bon et il a pu sortir sans cagoule. Son crâne est chauve, large et brillant. La tempête a cessé et le soleil fait une timide apparition derrière les nuées et sur le crâne de l'hôte, restant néanmoins encore voilé.

Il marchait dans la neige en compagnie de ses chiens quand il les a aperçus – il marchait exceptionnellement aujourd'hui car c'est mercredi et le mercredi il ne chasse pas, il fait autre chose, c'est comme ça, chacun ses habitudes, on ne peut pas chasser tous les jours, il faut s'ouvrir à d'autres activités, ranger la maison, trier son courrier, consacrer au moins une journée dans la semaine aux corvées administratives, et avec ce froid les aliments se conservent facilement, les réserves sont possibles, on peut espacer les temps de chasse, c'est d'autant plus important pour lui que depuis son accident il est obligé d'être au repos complet au moins un jour sur deux, il marche difficilement. En boitant il fait le tour de l'attelage, programme ses chiens sur retour domicile, place un message dans une des oreilles des chiens pour avertir ses filles de relancer le traîneau vers eux une fois le colis parvenu et de s'occuper des Indiens en attendant leur arrivée, demande un stylo, personne n'en a et il se met à écrire avec son sang. Fontaine et Belalcazar hissent les deux malades sur le traîneau en contournant de trois bons pas les chiens, sait-on jamais, et Belalcazar se demande comment remercier Inyoudgito, il le lui dit, celui-ci répond sans vraiment répondre, en lui recommandant de ne pas trop parler, de continuer à se méfier des chiens, ne nous épuisons pas, personne n'est encore tout à fait hors de danger. D'une détermination farouche, Fontaine refuse la proposition qui lui est faite de partir avec le traîneau, les pieds calés aux skis d'arrière, debout, tenue à la barre de conduite, cheveux au vent sans avoir rien d'autre à faire que de se laisser porter et de goûter à l'adrénaline et aux sensations de glisse. Elle préfère être là pour soigner ceux qui en auraient encore besoin – en secret ne souhaite pas laisser Belalcazar seul.

Ils parlent, ils parlent, et puis tout d'un coup on se rend compte qu'il faut accélérer car les Indiens sont verts. Jean-Philippe, qui a bien noté les difficultés éprouvées par Inyoudgito pour se déplacer, l'invite cordialement à s'asseoir sur ses épaules libres. La réflexion de la lumière sur la glace est devenue forte ; elle pèse sur la rétine. Inyoudgito, avant d'escalader Jean-Philippe pour prendre place à bord, enfile sa paire de lunettes de soleil qui le protège de l'ophtalmie des neiges et du vent. Tenues autour de la tête par un nerf de morse, ce sont des lunettes de neige traditionnelles en ivoire de morse fossile, brunies par l'hématite en sol glaciaire. Nos étrangers n'en avaient encore jamais vu ; malgré les grimaces générées par le froid, l'admiration se lit sur les visages, des sons significatifs sont émis, on veut toucher la paire. Puis Inyoudgito met un pied sur le genou de sa machine, amène l'autre sur sa hanche tout en tenant fermement le menton de celle-ci. Arrivé à hauteur de la tête, ramène le pied de la hanche sur l'autre hanche et le pied du genou un peu plus haut vers le nombril, de là peut chevaucher la bête et s'installer confortablement aux commandes, jambes pendues de chaque côté du cou.

Ils se remettent en marche et tandis qu'un premier voyage en traîneau emporte les deux Indiens vers l'inconnu, trois silhouettes, dont la première est encore plus grande que d'habitude et rend les deux suivantes encore plus petites, bravent les éléments une dernière fois en comptant sur leur guide pour les aider à puiser leurs forces au plus profond d'eux-mêmes, ce dont le guide se charge, sans grande originalité, en comptant à son tour sur lui, ses qualités de chef d'infanterie, ce qu'il n'a jamais été, et jusqu'à deux, puis jusqu'à deux de nouveau, indéfiniment, revenant à un après être arrivé à deux, rythmant le pas lourd et lent des organismes fatigués de ces interjections numérales répétées, ordinairement stimulantes.

## *23. Sous la tente avec Inyoudgito*

Inyoudgito vit seul, entouré de ses filles (deux) et de ses chiens (cinq) sans voisin – les chiens à l'extérieur de la tente. La tente est plantée dans la neige au milieu de nulle part, à côté d'une autre tente, plus petite, servant d'entrepôt pour la nourriture et les objets personnels encombrants ou d'utilité révolue. Il faut sortir de la tente principale pour rejoindre la tente auxiliaire en marchant le long d'une planche de la largeur d'une poutre d'appartement posée sur la neige et régulièrement déblayée, évitant d'avoir à se chausser chaudement chaque fois.

La tente principale, qui est donc le lieu de vie de la famille monoparentale d'Inyoudgito, est une habitation de forme ovale, vingt pieds de long sur quinze de large, dont l'armature, constituée à soixante-dix pour cent de côtes de baleines et à trente de bois soutient, par un judicieux liage en étoile, un toit de chaume et d'herbes épaisses recouvert de terre, fixé contre les assauts du vent par des peaux de morses étanches. Toutes ces conditions réunies, à quoi il faut ajouter, courant autour de la structure, un haut mur de neige coupe-vent, concourent à vous rendre le séjour agréable, entendu qu'à l'intérieur la température est tout à fait honorable. La chaleur vous enveloppe dès l'entrée, épaisse; elle couvrirait de buée les verres de ceux qui auraient des lunettes de vue, tombe sur les épaules comme un rayon de soleil au printemps ou l'eau chaude d'une douche à forte pression. La pièce à vivre est unique mais spacieuse, combine à la fois, grâce à une organisation éprouvée de l'espace et de la vie en collectivité, cuisine, chambre à coucher, salon, salle à manger, salle d'eau, toilettes. Le sol est en terre sèche bien tassée, probablement la terre d'origine, tiède et décorée par endroits de carpettes à motifs géométriques, colorés; ils confèrent à l'ensemble chaleur et convivialité, cachet. On y tient debout sans problème, on peut même lever les bras sans toucher le plafond (excepté Jean-Philippe) et quinze personnes au moins s'y mouvraient sans trop de heurt ni de casse le temps d'une boum improvisée.

Un foyer crépite au milieu de la pièce à la verticale presque parfaite d'une ouverture servant de cheminée et amenant un peu de jour sur le contenu de la marmite dont le couvercle ne couvre pas tout à fait l'ouverture, néanmoins fait de l'ombre sur ce qu'elle ne couvre qu'à moitié et que nous aurions pris plaisir à identifier. La lumière de l'extérieur, outre par cette cheminée, pénètre à peine, plonge l'intérieur de la tente dans une pénombre relative, même en cette saison, à cette heure du jour, et c'est très convenable pour y voir clair, cependant que les yeux se reposent de la fatigue occasionnée par la forte réverbération du ciel sur la neige. Une lampe à huile de phoque est posée sur un autre couvercle de marmite, plus petit, hors fonction, comme elle aurait pu être posée directement sur le sol tant le couvercle ne sert à rien, à dû être utilisé en premier avant que l'autre ne fasse l'affaire car plus grand, et l'une des filles n'aurait pas pris la peine de déplacer le couvercle pour poser la lampe ailleurs que sur lui, trop occupée à surveiller la cuisson, à soulever le vrai couvercle pour remuer la soupe à l'aide d'un bout de bois de la grandeur d'une louche, le geste circulaire de cette intention étant projeté par la lampe sur les parois de la tente en une ombre cinq à six fois plus grande, que la fille ignore, ne remarque pas ou plus, ni elle ni l'autre, non loin de là, qui la remplace parfois en se plaçant en face d'elle, à gauche de la marmite, soulève le couvercle de la main opposée, tient le bout de bois de l'autre, agit en symétrie parfaite avec sa moitié, pourtant cette lumière est incroyable, ces ombres, cette chaleur (les corps, le feu), ces tapis, tout cela contribue à entretenir le rêve, l'exotisme du voyage, mais comment voulez-vous que les filles s'en rendent compte, elles qui sont tous les jours au même endroit, à faire la même chose, ancrées dans leur quotidien, quand on sait qu'un quotidien, ici ou là, reste un quotidien ?

Au moins peuvent-elles admettre qu'elles cultivent avec leur père le sens de l'accueil. À peine nos voyageurs ont-ils fait quelques pas sous la tente qu'ils se sentent définitivement hors de danger, sauvés du froid, de la faim, de la mort ; et la vie leur apparaît si belle dans sa fragilité retrouvée. On devrait tous renaître au milieu de la vie, car rien ne s'use, c'est le regard qui change. Inyoudgito l'a bien compris qui s'exprime avec ses yeux depuis qu'il est entré, les pose sur ses filles, avise la plus âgée et la plus proche, Uma, fait un tour sur lui-même à son intention pour lui signifier, dans un langage entendu d'eux seuls, de bien vouloir déshabiller les invités et de porter à sécher leurs vêtements sur la rangée de poteaux de baleine plantés en faisceaux près de l'entrée qui sert de portemanteaux. Elles sont très jolies toutes les deux, le visage fin, la peau sombre, les cheveux ramenés sur la nuque en chignon, le corps mince et souple, l'œil noir et coquin, malheureusement beaucoup trop jeunes. Inyoudgito montre l'exemple, se déchausse, enlève son manteau et se retrouve en lingerie fine. C'est, ils l'apprendront plus tard, le secret pour ne jamais être malade : se découvrir à l'intérieur. L'homme, à la surprise de tous, est extrêmement maigre, sans aucune graisse, et l'on peut se demander comment le froid n'a pas encore eu raison de lui. Il porte un maillot de corps en peau de phoque qui ne le quitte jamais. Les pores absorbent la sueur, sèchent et lavent le corps en même temps. Parfois quand il fait très froid, il place entre son maillot et le manteau un ciré en peau de morse, très épais, imperméable et résistant. Ça le protège également, au cours de la chasse, des morsures ou griffures d'animaux. La peau de morse est très utile aussi pour s'allonger dans la neige sans être trempé et pour remplacer la force de traction des chiens quand le vent souffle et qu'un mât au préalable a été monté sur le traîneau pour supporter ce qui fera office de voile.

Les filles portent un maillot en peau de phoque comme leur père, plus cintré, ajusté. Uma, onze ans, et Ikumo, neuf ans, sont sur le point d'être nubiles ; mariées à la naissance, elles attendent l'arrivée intempestive de leurs époux respectifs qu'elles ne connaissent pas et qui surgiront de la manière la plus inattendue, rocambolesque, comme le veut la tradition, dérobant leur femme du rets paternel par une nuit de pleine lune, déguisés en monstre du temps ou en lapin sauvage. On dirait des jumelles, abstraction faite de la différence d'âge qui orne déjà l'une des distinctifs anatomiques de ce que sera son corps de femme, quand l'autre n'a pas perdu son moule d'enfant – à cet âge-là, deux ans d'écart est une éternité qui les sépare. Généralement les filles sont plus précoces que les garçons, à plus forte raison sous les climats rudes.

Ils sont invités à s'asseoir autour du feu. Inyoudgito n'a pas décroché un mot depuis leur arrivée, à croire que les jeunes filles sont sourdes, ou qu'ici les mots n'ont pas leur place, pour le respect des âmes. La marmite est enlevée du foyer à l'aide d'un torchon, posée sur des pierres plates froides, puis des tasses en bois remplies d'un bon bouillon de jus de viande chaud adouci à la neige avec morceaux de viande qui flottent en surface, circulent de main en main. Jean-Philippe remarque à juste titre qu'il s'agit d'un jeune renne ; il a vu en passant, dans un coin de la pièce, sa dépouille, dont la découpe occupait les jeunes filles avant leur venue. Le renne a été abattu il y a trois ans, dans une autre région, et congelé jusqu'à hier. Elles tranchent la viande le long de la colonne vertébrale à l'aide d'un coutelas en ivoire et d'une dent de narval pour atteindre les longs tendons qu'elles mettront à sécher et qui, devenus fibreux, seront transformés en fil pour coudre les vêtements et les chaussures de l'été dans des intestins de morse qui conviennent particulièrement aux habits légers et imperméables portés lors des quelques semaines moins froides que les autres, bien qu'humides, tout en sachant que les nerfs de morse font un bon fil aussi, mais il est toujours utile d'avoir plusieurs sortes de fils sous la main.

Distribution est faite à chacun d'un maillot en peau de phoque. Attention à la peau de phoque : tout neuf, ça gratte un peu et c'est huileux lors des premières utilisations. Nos étrangers en feront les frais bien assez tôt. Pour l'heure ils sont ravis. Le jus de viande fait son effet. Chacun reprend des couleurs et des forces. On s'inquiète alors de savoir comment vont nos Indiens. Inyoudgito leur exprime par un mime des deux mains réunies paume contre paume et placées sous l'oreille droite qu'ils ont été très bien accueillis et qu'ils sont en train de dormir dans deux lits confortables et tenus fort propres. Les jeunes filles rentrent dans le cercle à ce moment-là et se servent à leur tour. Inyoudgito attend qu'elles aient fini leur bol, mangé les morceaux de viande avec les mains comme l'autorise l'éducation ici, pour se lever et disparaître dans une partie de la pièce. Il n'avait pas quitté le foyer des yeux, et probablement est-il aveuglé encore quelques instants par la persistance de sa lueur sur la rétine car on l'entend qui fait tomber un tas d'objets. Sa jambe n'arrange rien. Il revient en boitant avec un bâton d'encens allumé et tenu entre les doigts. Le bâton laisse filer une spire grisâtre de fumée qui sent fort. Il s'en va faire plusieurs fois de suite le tour du cercle de ses invités pour répandre la fumée bien partout, puis il jette le bâton dans le feu, et malgré sa jambe douloureuse, effectue la danse du renne au trot, et celle du renne grattant la terre pour chercher de la nourriture, pendant que l'une de ses filles agite un grelot. C'est une marque de bienvenue. Ensuite il va se coucher et tout le monde fait de même car la journée a été rude.

## *24. Initiatives personnelles pour le bien de la communauté*

Dès le lendemain, les deux Indiens sont remis sur pied. Ils se lèvent en même temps, alors on prend vraiment conscience que ces deux-là fonctionnent par paire. À l'issue d'un petit déjeuner chaud bouillant au bouillon de phoque et au jus de chou de mer, la distribution des vêtements d'extérieur commence pardessus ceux de la veille, dont les premiers inconforts se font sentir. Ils sont cousus par les filles d'Inyoudgito, qui a recommencé à parler, avance que tous les vêtements qu'elles fabriquent seront un moyen honnête d'avoir un pécule en arrivant en ville. De quoi nous entretient-il ? Quelle est cette ville ? Nous n'en saurons pas plus pour le moment. Il a l'air d'aller mieux. Parle. Parle de tout sauf de sa jambe. Sa jambe ne va pas mieux. Inyoudgito, en définitive, ne va pas mieux du tout. Ce n'est pas parce qu'on ne parle plus d'une jambe que la jambe va mieux.

L'équipement attribué à chacun pour la marche en extérieur est composé d'un ensemble en fourrure de renne, bottes comprises, le tout taille unique ; de fait les uns sont à l'étroit pendant que d'autres flottent. Les coupes sont parfaites, on peut dire que voilà de beaux habits, même si la fourrure de renne ne vaut pas un clou comparée à la fourrure d'ours, privilège réservé au seul Inyoudgito (qui n'aurait vu aucun problème à briser cette exclusivité mais les ours se font rares). Uma et Ikumo ont travaillé toute la nuit pour finir les vêtements et elles sont aussi fraîches qu'après huit heures de sommeil. Elles expliqueront plus tard que quand elles cousent elles dorment. Leurs yeux sont ouverts, les sens en éveil, mais elles sont ailleurs. Sans se piquer. Si bien qu'elles abattent une quantité impressionnante de travail. La question brûle les lèvres de savoir, par simple curiosité, s'il s'agit de la peau du renne de la veille, et finalement la question passe à la trappe car on se doute plus ou moins que oui, aucune autre carcasse de renne n'étant visible dans un périmètre proche.

Après les remerciements de rigueur, décision est prise d'aller à la chasse à la place d'Inyoudgito pour remplir le frigidaire et lui épargner cette peine, qu'il serait bien en mal d'accomplir, à quoi Inyoudgito, qui n'est pas si absent que cela répond que non, je vous assure, ça ira très bien, nous avons un stock considérable de truites crues congelées dont nous ne savons que faire. Les hommes ne veulent rien entendre ; en bons invités ils tiennent à donner de leur personne, ils disent que ça fera toujours plus de stocks, c'est bien. Fontaine se propose de rester à ses côtés pour le soigner, pas mécontente de remettre en service son savoir-faire d'infirmière et peut-être sa pratique de l'amputation, c'est ce qu'elle compte examiner, faut-il l'amputer oui ou non, et si oui, avec quoi ? Belalcazar fait deux équipes : l'une, composée de Hug-Gluq et Negook, ira chasser pour subvenir aux biens de la famille, l'autre, composée de Jean-Philippe et lui-même, retournera au bateau pour reprendre ce qui est nécessaire, voir si dans la nuit les conditions ne se sont pas améliorées, et si l'on ne peut pas plutôt dormir là-bas pour ne pas importuner Inyoudgito plus longuement. Mais à la dernière minute, pour une raison floue, c'est Jean-Philippe qui part seul. Il ne reviendra pas avant le dîner.

## *25. Le fantôme des pôles*

Le bateau a complètement gelé. Jean-Philippe a d'abord eu du mal à le reconnaître, c'était comme un fantôme de glace, un mammouth blanc. Enfin il a vite compris qu'on ne pourrait plus compter dessus pour quoi que ce soit ; il est totalement hors fonction dit-il, ça craque de partout quand on s'aventure à monter, la glace est en train de faire éclater le pont, les soutes ; les mâts sont brisés. La *Catherine* est bel et bien condamnée, nous sommes prisonniers, j'ai bien peur que l'expédition s'arrête là. Même le bois est irrécupérable.

Une terrine de sanglier et un paquet de biscuits ont quand même pu être sauvés, qu'il sort de sa capuche et s'empresse d'offrir aux jeunes nubiles, celles-ci ne sachant pas ce qu'il en est dans un premier temps, comment cela s'utilise, s'ouvre, lui baisant les pieds dans un second, et là c'en est trop, non, je vous en prie, point de manières.

Belalcazar analyse sagement la situation : un hivernage s'impose, la température extérieure est mortelle, pas de bois pour se construire une cabane, pas envie d'un igloo, donc Inyoudgito, vivre avec lui et ses filles sous cette tente bien chaude avec de la nourriture à foison, jusqu'au redoux, pas plus, c'est promis, ensuite ciao la compagnie direction la ville la plus proche, atteindre la côte et continuer le voyage là où on l'a laissé. En contrepartie l'équipe s'engage à remettre la jambe d'Inyoudgito en état, elle compte sur les bons soins de Fontaine, inquiète, qui n'écarte décidément pas l'hypothèse d'une amputation car amputer la démange, mais n'amputons pas pour rien, se raisonne-t-elle. Les outils font défaut. Il est impératif de trancher net de manière à limiter l'hémorragie, or ce n'est pas avec des coutelas ou des dents qu'elle y parviendra. Un couteau suisse pourrait suffire mais le couteau suisse était dans la trousse à pharmacie et la trousse à pharmacie est au fond de l'océan. Inyoudgito sera sauvé grâce au repos et à de la nourriture saine : la peau de baleine est antiscorbutique, très riche en vitamines, et la soupe d'algue froide, à dose homéopathique, est recommandée pour les jambes lourdes.

Pour fêter le retour de Jean-Philippe, que l'on avait cru mort de ne le voir revenir plus tôt, une pipe en terre, remplie moitié d'herbe séchée, moitié de copeaux de bois, par économie, tourne pendant le dîner. Inyoudgito aimerait refaire la danse du renne au trot et du renne grattant la neige mais cela lui est déconseillé par l'infirmière. Pas de mouvements inutiles. Le reste de la soirée est passé à chanter. Ils se saoulent au jus de sang de renne. Inyoudgito est plus ouvert, il semble heureux de cette compagnie. Il ne va plus tarder à raconter sa vie.

Les journées passent et s'organisent. Il fait de plus en plus froid, la température descend parfois jusqu'à moins cinquante degrés Celsius ; les organismes se sont habitués. Dehors, la glace crée des corniches sur les cils, des risques d'avalanche sur les sourcils, attaque la barbe de ceux qui en ont. La vie en collectivité a cela de notable, pour des garçons, qu'elle donne une juste mesure de la différence pileuse entre les êtres. Toutes les barbes ne poussent pas à la même vitesse, il y a même des barbes qui ne poussent pas ; toutefois le froid tend à accroître la pousse des poils, et le vent rend la sensation de froid plus intense encore, le vent soufflant si souvent, en sorte que des journées entières sont passées sous la tente à ne rien faire mais personne ne s'ennuie, nous avons là de solides gaillards, d'heureuses natures. Chacun trouve sa place. La routine s'installe, Inyoudgito s'ouvre peu à peu, se met à marcher autour du feu avec des béquilles en côtes de baleine profilées construites par Negook qui en a moulé les poignées dans une résine d'omble antidérapante et pensé à la défense de morse en bout pour offrir à l'engin l'avantage de bien se planter dans la glace. Quand le temps le permet, Belalcazar l'entraîne à sortir de la tente. Ils vont chercher du bois, ils ne trouvent pas de bois, évidemment. Chemin faisant, ils discutent. De cette manière Inyoudgito a commencé à parler et l'on en a su davantage sur lui.

## *26. L'histoire d'Inyoudgito*

Il aurait atterri dans les parages à la suite d'un vol en ballon qui se serait mal passé. Chargé par une organisation secrète de remonter la source du Nil en ballon et de répertorier les villes, les montagnes et les forêts d'Afrique (ainsi que le nombre d'habitants au kilomètre carré si possible) il aurait été déporté, traîné jusqu'ici sur plusieurs kilomètres, d'où blessure à la jambe, et réveil sous cette tente avec visages inconnus penchés sur lui et lui qui ne se souvient de rien : où suis-je, qui êtes-vous ? Une famille l'aurait hébergé, puis la famille aurait disparu mystérieusement, laissant à leurs filles le soin de s'occuper de l'aérostier et à l'aérostier le soin de s'occuper des filles. Il essaye de repartir. Son ballon est plié sous la tente d'à côté, crevé, attendant d'être recousu. Les filles s'y sont mises, découvrent l'immense subtilité de ce genre de matière très fragile, beaucoup plus fragile que la fourrure animale : taffetas croisé de Lyon enduit de gutta-percha pour le ballon, corde de chanvre solide pour le filet soutenant la nacelle, et nacelle en osier, circulaire, renforcée par une légère armature en fer, haute d'un bon mètre soixante ; lui-même, quand l'état de sa jambe le lui permet, se met à la bricole, il y a tant à faire : réparer le calorifère pour produire les changements de température, changer le chalumeau à gaz oxygène / hydrogène destiné à chauffer le calorifère, trouver des réserves en eau pour produire le gaz, racheter toute la tuyauterie. Mais que voulez-vous, trop de choses essentielles viennent à manquer, les outils par exemple. On ne peut pas travailler sans outils. Le chantier n'avance pas. Six mois qu'Inyoudgito est là. Aussi est-il content de les avoir rencontrés. Toute cette activité lui prend un temps fou, sans compter la chasse, et son projet d'entreprise vestimentaire. De retour en ville, il compte abandonner ses missions aériennes pour se lancer dans un domaine plus terre à terre, la confection d'habits du grand froid ; il prendra sous son aile les deux filles qu'il adoptera si les parents ne se manifestent pas dans l'année. À elles seules, Uma et Ikumo remplacent une usine de cent personnes tournant en trois-huit. J'ai tout un stock d'habits à écouler, dit-il, des équipements en peau d'ours à semelles de renne (plus glissantes mais moins perméables), la possibilité de dépareiller tout cela :

manteau de renne avec ou sans capuche sur pantalon d'ours avec une botte en renne, une botte en ours ; manteau d'ours sur pantalon de renne avec bottes en poils de caribou, doublure en moustache de narval (on appelle moustache les petits poils sous les yeux ; très dure à confectionner, vendue très cher, il en faut beaucoup pour obtenir un résultat).

Parler textile le sort de son calme. La passion de l'air est loin. Inyoudgito rêve d'une nouvelle vie. Belalcazar promet de faire de son mieux pour l'aider à réparer son ballon, même si le bricolage n'est pas son fort ; il demandera aux Indiens, pas meilleurs mais plus habilités à ce genre de tâche.

Depuis qu'ils ont retrouvé leur climat de naissance, les Indiens ne savent plus où donner de la tête, impliqués, occupés comme jamais. Ils vont à la chasse le matin, reviennent à midi, ramènent ce qu'ils peuvent, des truites et encore des truites, en quantité médiocre mais suffisante pour que l'on commence à en avoir ras le bol des truites, truite crue, truite frite, pourquoi ne ramènent-ils pas des ours, des phoques, un renard des neiges ? La chasse aux ours telle qu'ils la connaissent et l'ont pratiquée durant leur jeunesse est spécifique aux ours bruns d'Alaska. La chasse à l'ours blanc change de couleur, de climat ; elle n'a rien à voir avec la chasse à l'ours brun. L'ours brun mange des baies, pêche le saumon, sème ses poursuivants dans des forêts d'aulnes et de pins tandis que l'ours blanc mange des phoques, s'allonge dans la neige en attendant que quelqu'un passe, la neige fondant peu à peu autour de lui, qui s'enfonce toujours plus, et bientôt n'est plus visible que le museau, par lequel l'ours blanc respire et reste caché autant qu'il veut – attention donc à ne pas marcher sur des museaux quand vous avancez dans la neige. Les deux espèces n'ont rien de semblable, la chasse s'en ressent : on ne chasse pas le lapin comme on chasse le lion. Bien sûr le flair du bon chasseur ne change pas, ni sa bravoure face au monstre, aux éléments, à l'abnégation de soi dans l'adversité et dans les épreuves physiques les plus insurmontables (marcher pendant plusieurs heures, voire plusieurs jours, ne pas dormir, rester caché à guetter sa proie, les pieds dans une fourmilière, lutter contre la faim), mais les chasseurs changent, eux, deviennent moins aguerris, moins résistants ; les muscles se sont contrefaits. La puissance des cuisses et du pectoral n'est plus la même qu'à vingt ans, il y a des litres de bière là-dedans, ni la vélocité en général, la vivacité d'esprit. Et la lassitude s'installe. À quoi bon, se dit-on. Plus envie de se dépasser. Plus rien à se prouver. On chasse comme on l'entend, en négligeant les fondamentaux qui nous faisaient vibrer auparavant : le sens du vent, se positionner contre lui, ou la pratique de l'oursisation pendant la marche d'approche (leur grand-père disait : avant de te mesurer à l'ours, deviens l'ours toi-même). Finie la transcendance de l'âme à l'idée d'attraper un ours, l'impression de se confronter aux dieux, de devenir un dieu, d'aller chercher dans l'animal la figure du père. La chasse relève dorénavant de la symbolique des carottes cuites. Les motivations ont évolué, ils pensent à la bonne table qu'ils se feraient et rien de plus, le reste on s'en fout, c'est plus pour nous, en revanche le ragoût d'ours farci, ça oui, dans son assortiment de pommes de terre vapeur, sauce espagnole ; un ours à la piémontaise servi dans ses haricots verts. Un filet d'ours. De l'ours fumé. Un bon vin. Des amis – échange d'idées sur le gouvernement actuel, pièce enfumée, décibels croissants. L'ours, il faut bien le faire cuire. Tout le secret est là. La viande d'ours n'est pas bonne. Bien enlever le gras et la membrane argentée qui l'entoure. Ensuite le couper en cubes et le faire cuire longtemps. Éventuellement laisser sécher à part la vésicule biliaire, produit miracle paraît-il pour tous les maux. Inyoudgito en aurait grand besoin. Donc nos deux Indiens marchent dans la neige d'un bon pas en se disant que s'ils trouvent une mouette, un contremaître à transpercer d'une flèche sans avoir à trop se compliquer la vie, ce sera très bien.

Leurs pas s'enfoncent d'un bon vingt centimètres et, rien que cela, ça fatigue énormément. Hug-Gluq porte un filet à phoque, un harpon à corde et un arc à double courbure. Negook un tabouret deux places pour la chasse au phoque au filet, un carquois et une lance. Le phoque peut servir d'appât pour l'ours. Déguisé en phoque, on approche mieux les ours. Les ours mangent les phoques. On peut aussi ne pas se déguiser, tenir le phoque à distance pour attirer l'ours en toute sécurité. Si dans une heure aucun ours ne se pointe, les hommes s'arrêteront, perceront la glace et chasseront le phoque au trou à respiration. Assis sur le tabouret fait de morceaux d'os, sans fer ni bois, ils descendront le filet ; le phoque s'y embarrassera la tête ou les pattes et le chasseur n'aura plus qu'à le hisser sur la banquise – c'est en tout point la technique que l'ours utilise pour se nourrir : il étouffe dans ses pattes la première tête qui passe. Autre possibilité pour chasser le phoque : ramper tranquillement vers lui, vent de face, gratter la terre pour atténuer les craquements du corps sur la neige à l'aide d'un outil pointu, avant de lui passer la corde au cou à un mètre de distance. Pour cette approche subtile, mieux vaut être habillé de blanc, ce qui ne sera pas leur cas tant qu'ils n'auront capturé ni ours, ni phoque. La fourrure de renne est sombre.

Dans les filets s'échouent les truites. Le climat de la terre se dérègle. Désormais on trouve des truites en toute saison.

## *27. L'imprévu*

L'ours ne se montrera pas. Ni le phoque. Toutefois des bruits fréquents se font entendre dehors, la nuit, comme si quelqu'un ou quelque chose essayait de rentrer dans la tente, d'ouvrir le sac d'une poubelle, de chercher à manger en grognant, ou que deux êtres inextricablement liés copulaient sauvagement.

Quand il ne chasse pas, Hug-Gluq s'occupe des chiens, les fait courir sur la glace, leur monte des épreuves avec des bonhommes de neige à sauter, à terrasser, des tunnels à traverser. Ils se nomment Pof, Blak, Mous, Toc et Flek, sont très obéissants, se ressemblent beaucoup ; Hug-Gluq ne sait jamais qui est qui. Il adore les animaux. Avait un chien, sans nom, compagnon de chasse, un carélien ; les caréliens sont plus performants que les huskies pour débusquer les ours des bosquets. C'est ce qu'il pense, et c'est lui aussi qui s'occupe de leur donner à manger, un peu n'importe quoi, des restes, ce qu'ils ont sous la main. Negook construit des lunettes de neige en bois, identiques à celles d'Inyoudgito mais en bois, et une précieuse complicité est entretenue avec les filles qu'il va considérer du jour au lendemain comme ses sœurs, d'ailleurs on parle un langage commun, elles moins bien que lui, cela dit on se comprend : le yupik. Ils connaissent les mêmes chants, dont ils se rappellent plus ou moins les paroles, confondant les airs, s'interrompant brusquement, tout cela donnant lieu à de joyeux éclats de rire, des tapes sur les mains, sur les genoux du voisin. Pendant ce temps, Jean-Philippe épluche les pommes de terre. Fontaine sympathise avec lui ; il aime cuisiner, insiste pour qu'elle se repose, en fasse le moins possible ; il s'occupe de tout, vaisselle, intendance, literie, même les filles peuvent aller jouer puisque monsieur coud (fabrique à l'une d'elles une poupée). Il met au placard son passé. Prend sa retraite. Veut vivre de chasse, d'amour et de pêche. A eu, comme il dit, la révélation. Jamais été aussi heureux que depuis son arrivée dans le froid ; il le sent à l'intérieur. Ça ne bouge plus là-dedans, explique-t-il, montrant son ventre, sa tête, invoquant la conscience, la convoitise qui nous rend tous envieux et aveugles : tout est à sa place. Je me sens plein, voilà. En paix. Ça doit être cela le bonheur. J'évite le plus possible de penser à Hug-Gluq, confie-t-il à Fontaine, sinon je deviens triste. Je m'efforce de l'oublier. Je me fais une raison.

Pour le moment l'expédition est en stand-by, les effectifs en profitent pour se retrouver en eux-mêmes et reprendre des forces pour la suite. Belalcazar ne cesse de répéter que ce séjour au froid était écrit, que le destin voulait qu'ils rencontrassent Inyoudgito le sauveur, le sauvassent, apprissent de lui une autre manière de vivre, sauvage, et que le froid revigore, agace, tonifie la circulation du sang, remet la conjugaison en place. Sa voix trahit un léger sanglot, l'œil n'a plus l'éclat de naguère ; tout le monde voit bien qu'il est inquiet, c'est mauvais. Le soir, après être resté toute la journée près du feu, à ne rien dire et à se frotter les mains l'une sur l'autre, il s'allonge et reste encore plusieurs heures à contempler la lueur de la lampe à huile posée près de sa couche. Nous courons tous pour rien, pense-t-il. L'homme est comme cette flamme, toujours à vouloir monter plus haut, grandir, et à la fin s'épuise, s'éteint. La lumière du jour devrait nous suffire. La vie commence au saut du lit. Il faudrait partir en expédition autour de sa chambre, oublier le reste du monde. Les richesses amassées sont toujours plus nombreuses quand on va les chercher en nous-mêmes, tout près. Plût au ciel que je ne susse rien de l'existence de Païtiti. Ma curiosité me tuera. Je suis déjà si vieux. Le temps est peut-être venu pour moi d'abandonner la partie.

Fontaine, à l'autre bout de la tente, occupée à ne

pas aider Jean-Philippe, lit dans les pensées de Belalcazar. Elle est à ses côtés par le cœur, compatit. Ne souhaite qu'une chose : le serrer contre son sein. Lui dire que tout va bien. Le consoler, en substance. Labourer sa peine. Prendre son chagrin pour elle. Que ses doigts courent dans ses mèches, sur son crâne, apaisent les battements de son sang sous son front humide, qu'ils pressent le creux de son dos, là où gît l'âme humaine. Qu'elle sente sa joue sur son épaule, toute la carcasse du bonhomme abandonnée à sa seule affection. Elle l'aime comme jamais elle n'a aimé un homme. Elle le veut près d'elle tout au long de sa vie. Comment lui dire ? Belalcazar pense parfois qu'ils ne repartiront jamais et que leur existence s'achève sous cette tente. Un jour, il se demande si Païtiti n'est pas tout simplement ici. Il était allé marcher dans la neige. Le temps s'améliorait. Il a pris une pelle en commençant à déblayer la neige amassée devant la tente, puis il s'est mis à creuser des trous et à tracer des cercles sur un chemin imaginaire, calculant ses pas en fonction de la position du soleil et des points cardinaux. On a constaté à son retour qu'il avait de la fièvre.

Brutalement, l'état de santé d'Inyoudgito se dégrade. Il faut partir au plus vite, chercher du secours. Tant pis pour le froid, on n'attendra pas le printemps. La première ville est à six jours de marche, si tout se passe bien.

Le traîneau est mis à la disposition des explorateurs, les chiens, une amulette en intestin de hyène, plus un pot de graisse de phoque pour se protéger le visage contre les agressions du vent, plus encore une tente igloo dernier cri, montable et démontable en quinze secondes. Ce matin-là, il fait presque chaud : moins vingt. Après trois semaines passées dans le Nord, ils partent vers le sud. Belalcazar reprend du poil de la bête. Il sait que cette occasion de revenir dans la course ne se présentera pas deux fois.

## *28. Le traîneau*

Large et long respectivement de trente-cinq pouces et vingt-quatre pieds, le traîneau est un petit bijou d'invention, d'élégance et de solidité, qui comblera le plus grand nombre, du débutant au spécialiste, néanmoins difficilement manœuvrable, sans patin de dérive ni frein à mâchoire, mais dans ce genre de paysage sans arbre, sans obstacle, obstinément plat et dégagé, le conducteur ne slalome pas.

Les chiens sont au nombre de trois, équipés d'un harnais en cuir de Walrus, pourraient tirer à eux seuls un poids de trois mille livres, se fatiguent malgré tout ; la force de traction, pour la comparaison, est équivalente à celle d'une Deux-Chevaux en fin de vie. Toutes les deux heures une pause s'impose. Au chien de tête revient la responsabilité de ne dévier du cap sous aucun prétexte, même si glace fine, sérac, crevasse menacent – au ras de la route, comment voulez-vous qu'ils les voient ? On s'en remet au hasard.

Le véhicule est constitué de quinze fragments d'os de morse à gauche et onze à droite, assemblés par du cuir non traité. Les patins, d'une longueur de cent quarante-deux centimètres chacun, se retrouvent à l'arrière en plus petits ; on les nomme patins de charge et ils mesurent seulement cinquante-six centimètres. Six morceaux d'ivoire de morse composent les grands patins de gauche, quatorze de droite, et pas d'information à ce sujet pour les patins de charge.

À l'aise sur tous les terrains, le traîneau a une tenue de route optimale si le poids est intelligemment réparti ; les virages sont serrés, ça godille sec dans la poudreuse, le décollage est modéré sur les bosses – seule la suspension laisse à désirer.

On compte quinze kilomètres par jour. Dans le toboggan deux personnes tiennent assis, plus une à la conduite ; deux autres marchent à tour de rôle. Une seule, sur les deux, ne vient jamais dans le traîneau, évidemment c'est Jean-Philippe, qui le pourrait, son poids n'est pas le problème ; en définitive Jean-Philippe compte expier ses fautes d'ancien pirate en portant sa croix sans porter de croix, en tirant parfois le traîneau à la place des chiens, mais les chiens se vexent et Jean-Philippe doit consentir à marcher sans rien tirer.

Depuis leur départ, il est tombé dans une profonde mélancolie. Vous le voyez qui marche sans fléchir, brave, et d'un seul coup s'effondre sans prévenir ; le choc de ses genoux sur la glace secoue la terre entière, un jour viendra où l'épaisseur ne résistera pas. On se demande à chaque fois s'il aura la force de repartir. Il se confie pendant d'interminables minutes au cours desquelles les autres grignotent une barre, se curent un ongle, boivent au goutte à goutte le jus d'une stalagmite, font une pause obligée. La famille lui manque, Uma et Ikumo, les pommes de terre. À défaut d'y être né, il serait devenu le fils adoptif d'Inyoudgito, son frère, sa femme.

– Je faisais une bonne mère pour les filles, dit-il. Sinon une sœur aimante. À défaut un bon maître pour les chiens.

Mais tout est fini. C'était fini depuis le début. Cette famille n'est pas la sienne. On ne peut pas changer le cours des choses. Il n'aurait cessé d'être un étranger à leurs yeux. La possibilité du bonheur arrive trop tard. Il sent que le reste de sa vie va se passer dans l'errance, le questionnement, la confusion des sentiments, et c'est cela qui le jette dans un trouble profond. Qui suis-je ? Où vais-je ? Son passé le rattrape. Il serre la neige dans ses mains, jette ce qu'il peut au-dessus de sa tête, en garde une grande partie tassée entre ses doigts. Ses larmes gèlent. Il pleure ses crimes d'ancien bandit. Les minutes passent. Belalcazar fait mine de vouloir reprendre la marche en tapotant son poignet à l'endroit indiqué d'une montre, qu'il n'a pas.

Et puis il fallait bien que cela arrive : un jour la banquise se dérobe, la surface se brise sous le poids du géant. Jean-Philippe est englouti sous la glace. Il s'était préalablement encordé au premier chien avec une rêne, et l'attelage a pu remorquer le corps à la surface sans trop de mal, l'exposer sur la banquise. Malgré d'irréprochables premiers soins, Fontaine ne peut rien : elle diagnostique une congélation foudroyante, ajoute que l'homme n'a pas souffert. Hug-Gluq fait remarquer qu'il leur a pour ainsi dire évité la mort à tous en tombant le premier :

– La glace n'aurait pas supporté le poids du traîneau. Il est mort en héros.

Belalcazar va même plus loin en précisant qu'il est mort en saint. Ses crimes ont été rachetés.

Une minute de silence est demandée. Fontaine se signe. Quelqu'un demande si dieu existe et n'obtient aucune réponse. La nuit vient ; à tour de rôle les équipiers veillent le défunt, ainsi de la nuit suivante. Une journée de deuil est observée.

Jean-Philippe sera conservé, traîné, porté jusqu'à la fin du voyage. L'idée de l'exhumer sous la glace, de le remettre dans l'eau après tous ces efforts pour l'en retirer leur apparaît comme une injure à l'humanité tout entière. Il est encore vivant dans nos cœurs, se plaisent-ils à penser. Un homme mort, même le pire, reste un homme. Et Jean-Philippe n'était pas le pire des hommes. Nous devons le prendre avec nous.

Par manque de place sur le traîneau, il est noué par la taille à l'extrémité d'une rêne longue de trois mètres dont l'autre bout est fixé à l'arrière du traîneau, si bien que Jean-Philippe est tiré par les chiens, glisse sur le dos, soubresaute à la moindre occasion telle l'annexe d'un bateau pris dans son sillage. La congélation se maintiendra tant qu'ils marcheront avec ces températures-là.

Une tempête s'abat, dure trois jours, rend l'effort plus pénible encore, freine considérablement leur progression. Jean-Philippe est lourd, de plus en plus lourd à mesure que la glace s'épaissit sur lui. Un demi-tour vers la tente est envisagé, mais le vent a effacé leurs pas. Sophie décide alors d'intervenir plus tôt.

## *29. Sophie ou la bonne conduite*

Elle sort d'une trappe cachée sous la neige, juste à leurs pieds ; d'un bras tient la trappe quelques secondes au-dessus de sa tête, puis les invite à la suivre.

La trappe découvre un escalier menant à un autre escalier puis à un trou. On se laisse tomber dans le trou, on marche un bon quart d'heure à tâtons et en file indienne dans un couloir sombre et bas en se demandant où il mène, mais une confiance aveugle est faite à Sophie qu'on ne connaît pourtant pas, qu'on avait l'intention d'apprendre à connaître plus tard, au moment prévu, contentons-nous pour l'instant d'une présentation succincte.

Elle connaît la planète par cœur, peut se déplacer yeux fermés sur tous les endroits du monde, leur fait prendre actuellement un raccourci pour la jungle. Elle déniche un tas de moyens d'arriver toujours plus vite n'importe où, n'importe quand. C'est la raison pour laquelle Belalcazar l'a engagée. L'avenir est dans le rapprochement des distances et des êtres, leur dira-t-elle. Il faut traiter les informations de plus en plus rapidement, répondre à la demande par une communication de niveau quatre, au-delà de l'entendement, et bientôt on pourra se déplacer sans sortir de chez soi, faire son marché au Sri Lanka, escalader les falaises du Yellowstone et visiter le Louvre dans le même après-midi.

Jean-Philippe et les chiens ont été laissés dehors. En quelques enjambées, une cavité chaude est gagnée, où l'on se tient debout, que l'on traverse en passant par une porte, ouvrant sur une seconde porte, et encore un couloir – moins sombre et moins bas que le premier. Des diodes vertes, de faible intensité, servent de repères lumineux. Elles sont accrochées aux parois dans des boîtes en plexiglas, à distance variable les unes des autres, parfois très éloignées, et rappellent les lumières de secours des buildings civilisés. Pour le moment Sophie marche sans parler. Elle sent bon. Ne transpire pas. Pourrait. Mais non. Porte un tailleur jupe courte en crêpe sombre, très serré aux fesses, plus large aux épaules, sans pli, se froissant toutefois, la jupe à tout le moins, sous chacun de ses pas, d'un pli vertical sur toute la longueur des fesses, rebondies, fermes, qui les sépare, les élève au statut de relique pour Hug-Gluq, juste derrière, qui a le nez dedans. Ses cheveux châtain clair sont relevés en chignon sur la nuque, si haut qu'il s'agirait davantage d'un palmier que d'un chignon. Un crayon retient la base des feuilles dont les pointes occupent le haut de l'espace librement, remuent sous le balancement du tronc, prennent le vent et ne demandent qu'une main pour être défaits et étendus sur la taie blanche d'un lit.

Sophie marche vite. Le temps est compté. On ne la voit que de dos. Un escalier en métal résonne sous ses pas. Elle est à l'aise sur ses talons aiguilles. L'escalier comporte une centaine de marches à monter, et trois cents à descendre. Hug-Gluq se souviendra surtout de la montée : d'un œil humide, il contemple cinquante fois de suite la cheville droite de Sophie, cinquante fois de suite la gauche, qui se soulève avec le reste du pied et de la chaussure pour atteindre la marche suivante, comme le regard, qui monte à son tour l'escalier, saute des niveaux, court plus haut vers le mollet, le creux du genou et encore plus haut vers le milieu de la cuisse, charnue, conduisant aux plus grandes espérances quant à la suite de l'initiation à la spéléologie mais la jupe vient couvrir le reste de la visite.

On s'enfonce de plus en plus loin dans les profondeurs de la terre et le groupe d'explorateurs commence à se demander, en fin de compte, si tout cela n'est pas un piège.

On pénètre enfin dans une large pièce, lumineuse

et haute de plafond, qui a tout l'air d'être ce que Sophie cherchait. Une grande baie vitrée, d'où provient la lumière du jour, perce la longueur d'un des murs en donnant sur un jardin d'hiver exotique, très vert, à la végétation luxuriante, avec un vrai singe au deuxième plan. Sophie s'allume une cigarette, avise un canapé cinq places à l'allure confortable, dont elle occupe une demi-place à peine, propose à qui veut de s'asseoir à ses côtés, cherche un cendrier des yeux, autre chose aussi mais bon, renonce. Des tasses de café fumantes sont disposées sur une table basse au pied du canapé. Nos personnages prennent place, après quoi Sophie expose la situation, claque dans ses mains, clope au bec : une enveloppe tombe du ciel, atterrit dans ses doigts, qu'elle remet au premier venu, se lève – soupir du canapé –, passe une pulpe d'index le long de la vitre, lentement, comme si elle voulait tracer une ligne imaginaire, et la vitre s'ouvre. Sophie disparaît dans la forêt après leur avoir dit qu'ils n'avaient aucun souci à se faire. Elle prépare une solution pour les conduire jusqu'à la jungle sans tricher, c'est important de suivre le chemin normal. Elle est la seule à se permettre ce genre d'écarts. Je voulais que vous sachiez que vous n'étiez pas seuls dans cette histoire, voilà tout. Quelqu'un veille sur vous. Le rendez-vous tient toujours, devant la jungle comme prévu, à l'heure convenue. Hasta la vista gringos.

En attendant, elle leur conseille de suivre les indications contenues dans la lettre pour sortir d'ici, et de boire le café sinon il va être froid.

Les bruits de la jungle retentissent, la vitre se soulève et retombe sur Sophie. Les bruits de la jungle cessent. Belalcazar s'approche à son tour mais le passage est fermé, la baie n'existe plus. En lieu et place de la baie s'affiche une photo poster, grandeur nature, d'un sous-bois en forêt de Sardaigne, soleil rasant, tapis de feuilles couleur feu, automne mille neuf cent soixante-dix. Il commence dans la pièce à faire aussi froid que dans une grotte. La lettre dit de remonter en passant par les toilettes du fond, où un passage secret s'ouvre après avoir actionné la chasse d'eau deux fois de suite.

On retrouve Jean-Philippe plus congelé que jamais après trente minutes d'attente à moins vingt, sans bouger, et les chiens, eux, sont idéalement chauds. Inyoudgito passe. Il dit que c'est un miracle. Il est euphorique. Il crie fort pour qu'on l'entende :

– Je me suis réveillé ce matin et ma montgolfière m'attendait devant la tente, prête, gonflée à bloc, réparée.

Un mot de ses filles l'informait de l'enlèvement nocturne et précipité des maris. Il n'en avait plus la charge. Libre, il partit dans la minute. L'excitation lui fait oublier sa douleur à la jambe, qui a pourtant empiré – on ne peut pas tout avoir –, mais quand le moral va, tout va (le moment est venu de le vérifier).

– Montez, dit-il. Portez les chiens à bord. La nacelle est solide. Nous nous tiendrons chaud. La ville n'est plus qu'à une centaine de verstes. Le traîneau, laissez-le là. Il servira bien à quelqu'un. Détachez Jean-Philippe et rentrez les sacs de sable. À lui tout seul, il fait le lest de deux montgolfières.

*

Une semaine est passée à se faire traîner sur la banquise. Le ballon, trop lourd, ne décollera pas. Mais le vent les pousse et nos amis se déplacent à une vitesse phénoménale. Autour d'eux la neige fond, la banquise n'est bientôt plus qu'un souvenir, ils glissent sur des kilomètres de terre dure, de sable fin, de graviers, de débris rocheux et de bentonite spongieuse, au milieu des plaines et des collines désertiques, le long de dunes érodées par cinq cents millions d'années de bouleversements géologiques, suivent des chemins de campagne, coupent à travers champs, rentrent dans une ferme à l'heure du déjeuner, brisent la cuisine en deux, continuent leur course dans une étable vide, qu'ils brisent aussi, traversent un lac artificiel, à tel point qu'aucun obstacle ne semble susceptible de venir un jour interrompre leur course – pourraient-ils seulement redémarrer ? –, en chemin mangent ce qu'ils peuvent, cueillent des fruits aux arbres, dorment peu (la nacelle, étroite, secouée de toutes parts, n'est pas franchement confortable).

Jean-Philippe ne se décompose que lentement, les chiens perdent leurs poils à mesure que la température se réchauffe, ils aperçoivent la côte, pénètrent dans la ville grouillante, où Inyoudgito les fait descendre de la nacelle sans s'arrêter, continuant à faire traîner son ballon en évitant les habitants, les étals de magasins, de légumes et de fruits, déchaînant des vagues de stupéfaction dans les rues, aux fenêtres des mansardes. La ville est chaude. C'est probablement une ville d'Amérique du Nord, ou d'Amérique du Sud. Des poules courent d'un trottoir à l'autre. Sur le port, Malebosse est là, qui attend ses équipiers, et sans lui poser de questions ils embarquent dans un bateau qu'elle a appareillé à leur intention et parcourent la mer en vue de rejoindre un endroit dans la jungle où Sophie, donc, les attend, et Malebosse, une nouvelle fois, s'est volatilisée. La température augmentant sérieusement, Jean-Philippe finit par se décongeler bel et bien ; il faut trouver un moyen de le conserver. À la ville on l'embaume, l'enrubanne, le momifie. On fait le plein de provisions. Fontaine récupère une valise à pharmacie. En prévoyance de la marche dans la jungle, les tenues de ski sont abandonnées au profit d'habits de circonstance, chausse-pieds résistants, respirants, avec maintien de la cheville, et shorts, pantalons de protection, quelques vêtements chauds pour les nuits et des vêtements de pluie, pansements, aspivenin, comprimés fébrifuges, gourde, Micropur.

Negook, très attiré par la civilisation, se perd une nouvelle fois dans la foule et il faut partir sans lui. Il évoquait depuis quelques jours un désir fort qui l'habitait de recommencer sa vie, de se trouver une nouvelle voie ; on ne croit pas si mal agir en le laissant en reste ; effectivement Negook est pris en charge par un chercheur d'épaves, très intéressé par la guitare dont il lui parle et qu'il aurait laissée sur la *Catherine*. Lui-même aurait possédé cette guitare, qu'il aurait revendue à un marchand anglais dix ans auparavant. Negook, sous la protection de l'homme, devient collectionneur d'objets rares. Retrouve, dans ses pérégrinations, Helmut. Mais cela est une autre histoire.

# TROISIÈME PARTIE

# *Dans la jungle*

## *30. C'est vert*

Revenons à notre jungle où une longue marche a commencé depuis quelques heures dans des conditions difficiles, à travers des bosquets humides, le long d'un sentier recouvert par la végétation et d'un sentier dégagé le suivant aussitôt, lumineux, sans arbre, pas moins hostile, grappé de moucherons en boules suspendues dans l'air qui s'effarouchent d'un rien, le souffle du vent, le passage d'un corps en mouvement venant fendre en plusieurs parties non égales le groupement grouillant qu'une seconde à peine aura suffi à reformer après le dérangement, avec le même nombre exactement de moucherons le constituant, bordé d'herbes folles, aux pointes acérées comme des lances, barbelé de ronces, menant à la forêt, la vraie, enfin, épaisse et sans pitié, aux obstacles multiples, comme ce tronc d'arbre en équilibre au-dessus d'une mare au kilomètre deux, dans l'obscurité parfois totale des branches, des feuilles, petites et grandes, recouvrant le jour, formant sur leurs têtes un toit de végétation si compact qu'il est difficile de distinguer chaque arbre, d'où il part dans la terre, où est sa cime, et cet entremêlement extraordinaire des espèces et des formes se retrouve au sol, à hauteur des yeux, fouette le visage, rentre dans la bouche, déchire la peau des bras, des cuisses, des chevilles, laisse derrière lui des plaies ouvertes qui s'infecteront dans la nuit, fait surgir la langue ondulante du serpent jergonas, celle plus petite mais non moins redoutable de la vipère chuchupe, le poil à gratter d'une patte d'araignée grosse comme la main, d'autres bêtes en voie d'extinction, contrairement à leur dos, à leur cou, aux couleurs vives, rouges, jaunes, bleu piscine, tenant par là même les prédateurs à distance, ou quiconque désirerait les toucher, ne serait-ce que du bout de son coupe-coupe, par mégarde, tandis qu'il se fraye un chemin gentiment devant lui, dans cette jungle qui vous accueille chaudement mais froidement, vous fait comprendre que vous n'êtes pas là chez vous ; je ne te lâcherai pas, susurre-t-elle. Entends-tu tous ces cris d'animaux terrifiants ?

Encore que là non plus, ne croisez pas le regard de la bête que vous venez de réveiller. Fuyez, fuyez avant qu'il ne tombe sur vous, ne vous quitte plus, agisse sur votre âme comme un sortilège.

## *31. De quelle jungle il s'agit*

Nul ne sait si de la bonne jungle il s'agit. Mais Sophie est là. On fait confiance à Sophie, toujours. Pas de question sur comment elle est arrivée là. On avance. Rien d'autre à faire que d'avancer. Et la jungle. Elle est là aussi. Au moins de cela nous sommes à peu près sûrs.

Avant qu'ils n'entrent dans la forêt, juste avant qu'ils ne se fassent avaler par l'ombre et la fraîcheur des sous-bois – quoique pas si frais que cela, entre le chaud et le pas chaud, moite, ce qui est pire car on ne sait comment s'habiller, on enfile un pull, une veste, n'importe quoi pouvant couvrir les épaules, le cou, susceptible de ne pas être enlevé cinq minutes plus tard à cause d'une transpiration excessive, pourtant c'est bien ce qui se passe, et après l'avoir enlevé la sensation de froid est encore plus grande, on se retrouve en T-shirt et le T-shirt est trempé, voilà comment surviennent les rhumes en été dans les régions équatoriales (exception faite des rhinites allergiques) –, la jungle s'étalait sous un soleil voilé par un ciel laiteux, elle apparaissait dans son ensemble, de loin semblait la plus gentille du monde, l'endroit bucolique à souhait, un havre de paix, idéal pour un pique-nique, mais la lumière était forte, la couleur des feuilles resplendissait d'un vert pur, très clair, aveuglant presque, et l'on devinait que cette forêt n'était pas comme les autres ; le bec courbé d'un oiseau se découpait sur la cime d'un manguier, son cri se mêlait à celui des autres animaux, au bruissement des branches, au craquement des troncs et de certaines autres branches qui entraînaient dans leurs chutes une frange de lianes, une barbe de mousse et quelques singes hurleurs.

– Là, vous voyez ?

Sophie pointe son doigt dans la direction du bec en question et plus généralement de l'oiseau qui les intéresse. À la réflexion, il se pourrait que nous ne parlions pas tout à fait du même, d'autres formes de vies à plumes, morphologiquement similaires, ayant pris place, entre-temps, sur des perchoirs proches :

– C'est un ara.

À la suite de son doigt vient un poignet, évidemment, puis un bras, qui occupe à présent la diagonale du champ de vision du marcheur la précédant, Hug-Gluq, toujours lui, dont le nez, penché jusqu'à maintenant vers ses pieds à lui, le terrain accidenté, les flaques à éviter, les tennis blanches et les chaussettes de marche impeccables de Sophie qui porte aussi un short en lycra très serré, se trouve à quelques centimètres du bras, de sorte qu'il peut tranquillement respirer l'odeur de sa peau, celle de la sueur qui a l'odeur des sueurs qu'il aime, une odeur ronde et fruitée de balle de tennis dont il ne pourrait néanmoins pas pousser plus avant la comparaison ni l'expliquer, encore moins en ce moment, concentré qu'il est dans le désir de ne pas se laisser déconcentrer par cette femme qui lui demande pourtant de se concentrer un instant sur ce qu'elle dit et non pas sur ce qu'elle fait ou ce qu'elle est, l'ara comme beaucoup d'autres étant une espèce en voie de disparition qui, si nous n'y prenons garde, pourrait en venir à s'éteindre dans les cinquante prochaines années. Il se nourrit essentiellement de fruits et de vers qu'il trouve sur les feuilles et ne s'aventure que très rarement sous la canopée. Il construit son nid suivant la technique traditionnelle dite du chien transformé en étoile de neige et peut s'accoupler plusieurs fois par jour avec un partenaire différent ; pour écouter plus attentivement les informations données par Sophie,

Hug-Gluq se dit qu'il faudrait qu'elle abaisse ce bras nu, potelé, aux couleurs de l'abricot, introduction salivante du spectacle à suivre, de la même manière que le bec de l'oiseau a fait une bonne entrée en matière au discours de Sophie, qu'il peut contempler à sa guise maintenant qu'elle est en arrêt, tournée de trois quarts vers la droite, perdue dans son cours d'ornithologie, croyant qu'il regarde ce que le doigt cherche à lui montrer depuis deux minutes ; elle porte un justaucorps noir qui lui tombe sur les hanches sans un pli, épouse l'arrondi généreux des seins, sans toutefois en faire trop, le sombre atténuant ce genre de formes, or il se trouve au demeurant que Sophie possède une forte poitrine, beaucoup plus forte qu'elle n'en donne l'air, nous aurons l'occasion de nous en rendre compte en d'autres circonstances, et c'est la sournoiserie de certaines poitrines qui n'offrent au public leur véritable éclat qu'en partie, si bien que l'on peut passer à côté des plus belles pendant des années sans les remarquer. Au mieux peut-il dire à propos de l'odeur que ça suffit dans certains cas pour tomber amoureux, et autant le dire tout de suite, Hug-Gluq est dingue de Sophie ; il aurait tort de ne pas l'être, physiquement à tout le moins, car cette fille-là est attirante, à n'en pas douter, superbe même, mais va-t-on très loin dans l'amour avec une attirance physique, uniquement physique ? Le vrai amour brise l'enveloppe des apparences, il touche le cœur, s'habille de sentiments, se drape de confidences, élabore des projets en commun, véritablement ambitieux, instaure un dialogue, des échanges de savoir et se soucie du respect de l'autre en vue du plein épanouissement de chacun. Et il dure. Il est plus fort que le temps. Il est tous les jours changeant, surprenant, multiple, car il est communion des âmes. Hug-Gluq se soucie peu de la communion des âmes. Il ne cherche pas forcément un amour au long cours. Ses connaissances en la matière font sérieusement défaut, et la durée du voyage, quand bien même l'éducation aurait joué, commence à faire pencher la balance en faveur de la fonction purement reproductive de l'être humain, et concernant Sophie, Hug-Gluq ne se cache pas qu'il serait prêt à se reproduire toute la vie s'il le pouvait, jour et nuit, jusqu'à épuisement. Il n'est pas encore tout à fait prêt pour confier de telles intentions à sa prétendante, tout est allé si vite, il est sous le choc ; elle est loin de s'en douter, quoiqu'une fille superbe, même la plus modeste, n'oublie jamais qu'elle peut faire tomber n'importe qui où elle veut, quand elle veut. Hug-Gluq n'est pas si faible que cela face aux tentations de la chair, il se domine, tente de détourner ses yeux, son attention de ce fantasme en mouvement, de conduire sa pensée vers des vues volontairement plus plates, champs de coton, étendues de Brière – a-t-on idée de mettre au monde pareille créature ? –, qu'un brin d'imagination suffit malgré tout à déshabiller pour voir ce que donnerait le corps sans ce short en lycra et sans ce débardeur en coton, ce que donnerait l'ombre de la lune ou de n'importe quelle source de lumière, tamisée de préférence, sur le velouté de sa peau plissée dans différentes positions de tigresse prête à bondir sur sa proie ; en vue d'éloigner progressivement et durablement l'être aimé de son esprit, il entreprend une comparaison d'images entre Sophie avant, la première fois, dans le froid des conduits polaires avec son tailleur et Sophie maintenant ; chaque fois la conclusion est la même : c'est fou comme l'habit peut modifier l'aspect d'une personne, il peine à se dire qu'il s'agit de la même Sophie, et s'il devait choisir il choisirait sans hésiter la deuxième, celle de la jungle, oh oui, plus exotique, plus sauvage, et voilà que ça le reprend, quand il chasse la deuxième de son esprit c'est pour voir apparaître la première, pas si mal non plus, d'un autre genre ; au final c'est à deux femmes que Hug-Gluq, tout en essayant de suivre la conversation sur les psittacidés, et un peu après en reprenant la marche, fait l'amour.

## *32. L'entrée dans la jungle*

L'air se gonflait d'une épaisse couche végétale qui coulait dans les poumons en un liquide invisible et lourd, sans paraître vouloir en ressortir, gênant la respiration, provoquant des malaises vagaux alors que le voyage commençait à peine.

L'entrée dans la jungle a fait l'effet d'une douche froide bienveillante, comme d'arriver en été sous les pulvérisateurs d'eau du hall de la gare Marseille-Saint-Charles. La lumière a faibli, on s'est senti mieux, et très vite on a compris qu'il allait falloir faire avec de nouveaux désagréments.

La randonnée pédestre n'est pas de tout repos ; quelles que soient la nature du terrain, les dispositions physiques, mentales ou climatiques du marcheur et de la région, l'effort est à doser consciencieusement, la résistance à développer, la concentration s'affermit –

les muscles du cou et du haut du dos se contractent souvent et infligent à l'organisme une impression de fatigue généralisée, vous agiterez donc vos bras à intervalles réguliers, disons toutes les heures pendant vingt secondes, de façon à laisser descendre vers les extrémités des doigts la mauvaise énergie, toute cette tension accumulée dans la tête –, bien respirer, profondément, ne pas partir trop vite au risque d'être fourbu dans l'heure qui suit et de déclarer un point de côté. Le problème n'est pas tant la difficulté de la marche que la soutenance de l'effort pendant toute une journée, toute une semaine, tout un mois : pensez donc à vous arrêter régulièrement, emportez dans le sac une rondelle de banane sèche ou un Granny, buvez de l'eau, éliminez ; une souche assez plate, une pierre, n'importe quoi de suffisamment haut peut servir à étirer les mollets ou les cuisses durant les pauses et vous aidera à récupérer vos forces beaucoup plus vite. Ayez l'œil sur tout, ne tombez pas dans les pièges faciles (trous, glissements de terrain, bourbe), suivez vos pas des yeux, l'un après l'autre, pied gauche devant pied droit, pied droit devant pied gauche (et non l'inverse), faites sentir à vos pieds que vous les aimez, pensez à la destination vers laquelle ils vous portent, n'oubliez pas de nouer vos lacets en deux boucles, sentez dans chacun de vos pas l'attachement à la terre qu'ils vous communiquent par ce frappement du talon sur le sol qui réveille le corps, agit au compte-gouttes dans le cerveau, libère les pensées, installe en vous la douce et pleine sensation d'exister, d'appartenir à un ensemble, vous êtes vivant parmi les vivants, relais du ciel et de la terre, heureux, libre d'être comme vous êtes, exalté du désir de cheminer vers un but glorieux, personnel, lointain, que nous appellerons destination finale, et qui peut être aussi simple que de vouloir sortir vivant de la forêt, d'accomplir votre marche dignement, peu importe comment, premier ou dernier l'important est de participer, ou dans le cas présent de découvrir un trésor ; l'objectif tardant à venir, vous vous fixez un but plus proche à atteindre, plus gratifiant, mètre par mètre, et vous avez raison, c'est ainsi qu'il faut procéder pour tenir la distance : se raccrocher à des détails, le prochain arbre à deux troncs, la feuille géante de ce bananier pourri, le tas de fougères là-bas, que vous enjamberez, le haut de cette côte abominable. Vous allez y arriver.

La troupe est contente de marcher, d'être en short, de ne plus avoir froid comme sur la banquise ; l'exercice peut enfin s'accomplir normalement, dans des conditions saines, sans glisser ni s'enfoncer dans la neige. Le moral s'en ressent, et dans les premières minutes – les premières minutes seulement – le rythme est soutenu, le verbe facile, la pensée positive. Il y en a même qui chantent. Cuisses et chevilles sont encore fraîchement moulées pour en découdre avec la forêt ; la nouveauté d'une situation décuple toujours les forces au commencement.

Nos randonneurs alertes portent un sac à dos léger, les bretelles de cuir sont rembourrées aux épaules par deux larges bandes en mousse synthétique et peuvent venir se clipper en une ceinture auxiliaire autour de la taille pour décharger le poids du haut sur les hanches. La nourriture a été préalablement répartie dans chacun des sacs en vue d'alléger les charges et de subvenir à l'autonomie de chacun au cas où les événements viendraient à isoler l'un des leurs (désorientation, blessure, kidnapping, désir d'être seul).

Le ravitaillement a consisté en un minimum d'ingrédients, légers et de première nécessité : soupes en poudre, pâtes en poudre, viandes et légumes en poudre, sucre en morceaux. Fontaine avait prévu de tirer profit des produits naturels de la forêt (sans transition : à la première pause, on a trouvé dans ses affaires, écrasé sous la semelle dépareillée d'une botte non identifiée, un paquet de biscuits de mer, souvenir du bateau – sous l'emballage troué se rassasiait une famille nombreuse de perce-oreilles du Chili –, qui aurait congelé, décongelé une bonne dizaine de fois ; personne n'a pu le jeter car, quand il s'agit de survivre, tout est bon à prendre).

Une réserve de pemmican a été faite pour la forme.

## *33. Du plaisir de la marche en forêt*

La vitesse de marche est homogène, le niveau des concurrents sensiblement égal, les filles marcheraient même plus vite que les garçons. Aucune plainte n'a été formulée jusqu'à maintenant.

Une fois passé les premières minutes d'enthousiasme, l'avancée s'effectue sans parler jusqu'au milieu de la matinée ; le sol varie son degré d'inclinaison sans que le souffle souffre, il y a des côtes, il y a des descentes, il y a du plat ; on avale les kilomètres entre chaque gorgée d'eau claire, toutes les heures, pas plus, pour économiser, dans une gourde commune en panse de bouc. La terre qui défile sous leurs pieds n'offre jamais le même spectacle, et c'est distrayant pour certains de se perdre dans sa contemplation : tantôt recouverte de feuilles, tantôt pas recouverte du tout, nue, de la terre, bêtement, brune, aux substrats riches et variés, à quoi se mêlent évidemment des résidus de la forêt, bouts de feuilles décomposées, radicelles, pelures de fruits, excréments et traces d'animaux incroyablement discrets, elle est jonchée de pierres concassées et de branches sur les côtés délimitant le chemin, les pierres étant plus ou moins dissimulées par les branches et les branches dissimulant plus ou moins les pierres.

Le manque de sommeil rend les premières heures un peu plus douloureuses que les dernières ; les dernières ne sont pas plus faciles de beaucoup : lassitude, envie de stopper le moteur de cette machine à marcher qui emporte le corps vers l'avant quand pas plus tard qu'au petit jour, ce matin, il n'envoyait aucun jus, pas de tonus, encore endormi, huile froide, probabilité forte d'aller s'écraser dans le fossé.

Le jour et les mouches sont en train de se lever quand ils partent. La lumière descend des arbres, glisse lentement le long des troncs, se répand sur la terre, découvre la mousse des racines, la queue d'un écureuil Caisse d'Épargne, s'en va courir vers le fond des bois, plus haut ouvre les feuillages, appelle de nouveaux cris d'animaux diurnes. Le manque de sommeil englue les premières foulées, enveloppe la vision d'un brouillard épais où tout est irritant, se ressemble, s'assemble, porte le même nom et jamais le bon, c'est agaçant à la fin, pas étonnant que nous soyons agacés, parlez pour vous, moi je vais bien, c'est vous qui avez commencé, de toute façon je ne suis pas du matin, etc. ; les rêves de la nuit se poursuivent cependant que la marche a débuté, et c'est à se demander si l'on ne pourrait pas dormir en marchant – il faudrait essayer. Le corps, en s'éveillant, laisse aux idées la liberté de se former sans aucune logique, en silence, et l'on ignore souvent combien ces idées peuvent être intelligentes, l'on ignore même qu'elles existent, croyant à tort qu'il est courant de ne penser à rien, mais c'est faux, il y a toujours quelque chose qui trotte dans une tête, encore faut-il savoir l'exprimer, l'arrêter et l'exprimer ; parfois ces idées, qui ne ressemblent à aucune autre, sont plus intelligentes que n'importe quelle autre idée – qu'attendons-nous, alors, pour organiser un colloque international où les décisions majeures concernant le sort de la planète et de ses habitants seraient débattues dans un lit ?

Vers onze heures la faim se fait sentir, un lieu de déjeuner est cherché, les langues se délient, la conversation concerne les événements du matin, les descentes qui sont, en définitive, plus éprouvantes que les montées, le haut des mollets qui commence à brûler quand on touche et même quand on ne touche pas, cet animal étrange au pelage gris, aperçu sur un pneumatophore de cyprès chauve, croqué dans un carnet à dessins, et le carnet fait le tour du cercle, le cercle n'est pas parfait, ni le dessin, mais l'espace pour s'asseoir est restreint, n'allez pas vous mettre n'importe où dans une forêt comme celle-ci, dépliez une bâche, vérifiez bien vos arrières. Tout le monde est parfaitement réveillé. Les petits bobos sont soignés.

Faut-il coudre un ourlet aux pantalons plutôt que de couper les pantalons en short ? La question demande réflexion. Ça dépend. Ton pantalon te gêne vraiment ? Et les pansements. Doit-on systématiquement panser les plaies, même les plus bénignes ? Où sont les pansements ? Faites tourner le carnet.

Les pauses mettent au jour les soucis personnels. La brume du matin s'est épaissie à mesure que le soleil s'intensifiait à travers les feuilles, puis elle est retombée en fines gouttes de pluie sur les cheveux (qui n'ont pas séché) et les vêtements à partir de neuf heures, jusqu'à dix heures, et à partir de dix heures le sol a été détrempé, tellement détrempé qu'ils ont marché dans un marais infesté de sangsues (personne n'en a eu) et qu'ils marcheront encore dans ces conditions-là jusqu'au soir, tous les jours, dans la forêt tropicale l'air ne s'assèche jamais, il n'a pas le temps, il fripe la peau des pieds jusqu'à l'os, la ronge, ouvre des plaies à vif, et un jour il faudra bien que quelqu'un s'en trimbale une, de sangsue, sur les pieds ou ailleurs. Pas possible autrement.

– Ne marche pas pieds nus, tu risques de te blesser.
– Déchire tes chaussures, ça va aérer tes pieds.

– Nous aurions dû mieux nous chausser.
– Des sandales eussent été adéquates.
– Pour le pantalon, si tu peux le garder, c'est mieux.
– Il te protège de tout.
– Coupe-le au niveau de l'ourlet.
– Qu'est-ce qu'on a fait du couteau suisse ?
– C'est Jean-Philippe qui l'a perdu.
– Il y avait des ciseaux miniatures.

Fin de la pause. Le silence retombe aussitôt après le premier pas. L'action vaut mieux que le libre détail des problèmes exprimés. Dans la jungle, même les plus bavards finissent par se taire.

## *34. Dernier inventaire avant départ*

Belalcazar ferme la marche. Il a glissé dans le compartiment ventral de son sac une pochette en tissu contenant une boussole plate dont le cadran se rayerait facilement si la pochette n'existait pas, quoi de plus naturel qu'une boussole rayée, seulement Belalcazar ne supporte pas l'idée que le matériel puisse s'user ; un soin particulier a toujours été apporté à l'entretien de ses affaires, le pliage de ses pantalons, la poussière de ses vestes ; il croit pouvoir ainsi retenir le cours du temps et maîtriser sa propre fin à lui en maîtrisant celle des objets qui l'entourent. La pochette en tissu optique nettoie en le protégeant le cadran de la boussole sans toutefois la parer des chocs autant qu'un étui rigide l'eût fait, un étui similaire à celui de l'altimètre de poignet que voici, très joli, performant, domicilié au même compartiment, sous la pochette en tissu, négligemment jeté dans le fond, s'attachant comme une montre et se lisant à l'inverse de l'heure, nettement plus gros cela dit, volumineux, peu discret – du plus bel effet en société –, réservé au strict usage de la marche en montagne, laquelle viendra plus tard dans l'histoire, ceci expliquant cela, pourquoi l'instrument semble délaissé d'un point de vue fonctionnel (Belalcazar ne s'en sert pas puisqu'il est au fond de la poche) et aussi obsessionnel (contre toute attente Belalcazar nourrit à l'égard de cet altimètre une attention moins soutenue qu'envers la boussole, vous conviendrez pourtant qu'un altimètre est plus fragile qu'une boussole, moins facilement remplaçable, et d'un prix d'achat plus élevé : il y a incohérence de l'objet chez les victimes du toc, tout le problème est là).

Le reste de l'inventaire est rapide : cordes, crampons, tente, matériel de camping, gamelles, allumettes, kit de survie miniature comprenant fil de pêche, hameçon, aiguilles, briquet tempête, trois graines de haricot à planter.

C'est un bon chef. Dont le sac est plus lourd que la moyenne des sacs. Équitable. Se souciant du bien-être de ses troupes. Prêt à se mettre en quatre pour satisfaire son prochain. Comme de traîner Jean-Philippe. Avec une liane solide. Jean-Philippe qui est lourd. Se cogne partout. Ah, ça va bien parce que c'est le début, mais il faudra rapidement prendre une décision. Le traîner à tour de rôle. Un quart d'heure chacun. Dix minutes pour les filles. Ou l'abandonner. Le rayer de l'histoire. On ne peut pas se coltiner un boulet jusqu'au bout. D'une façon générale, Belalcazar est confiant. La présence de Sophie le rassure. Elle maîtrise la situation. S'occupe de tout. Vise le lit du fleuve Palotoa, sans boussole. À la source du fleuve cherchera les pétroglyphes ; ils le remonteront en cheminant sur sa rive, après quoi Sophie déchiffrera les indications de la pierre sans aucune difficulté ; ils n'auront plus qu'à suivre le plan pour trouver l'emplacement de Païtiti et pénétrer dans la ville secrète. C'est si simple. Assurément, il se félicite d'avoir engagé cette fille.

La première discussion entre elle et lui après que les échanges de courtoisie ont été exprimés à la descente du bateau et que Sophie a fait une remarque relative aux cafés qu'ils n'avaient pas bus dans la salle de la baie, concerne l'entrée dans la jungle : faut-il la pénétrer par le côté ou de face ? La question, qui s'adresse à Belalcazar, vaut aussi pour le reste du groupe. Sentier balisé ou hors piste ? Randonnée touristique ou saut dans l'inconnu ? Les deux mon capitaine.

Sophie répète sa question en insistant sur le fait qu'elle est vierge. La moitié des équipiers n'a jamais mis les pieds dans ce genre d'endroit ; difficile de trouver une réponse, de dire comment pénétrer quand on n'a jamais pratiqué, ou pas pratiqué depuis longtemps. Jean-Philippe, enrubanné dans son linge de moins en moins blanc, accuse le coup, sent fort. Belalcazar, après un temps d'hésitation – il n'a pas saisi immédiatement le sens de la question –, fait entendre à Sophie qu'une telle décision n'est pas de leur ressort à eux mais du sien à elle, seule. Elle a été engagée pour satisfaire à cette tâche, en conséquence il attend qu'elle agisse pour le bien de l'expédition, conformément au plan qu'elle a dû solidement préparer, et entendu qu'un seul objectif compte : trouver le trésor, dussions-nous passer par des voies difficultueuses. Qu'elle soit assurée, en outre, du soutien de toute l'équipe, et plus personnellement du sien, dit-il, quand bon lui semblerait, à toute heure du jour ou de la nuit, sous sa tente ou contre un arbre.

Ils atteignent la rivière le soir même et campent sur sa berge.

## *35. Première étape*

Fleuve ou rivière ? Mettons-nous d'accord : le cours d'eau est atteint vers dix-sept heures. Une échelle de lumière parcourt sa surface jusqu'à l'aplomb du soleil qui attire à lui les caïmans tapis d'ordinaire au fond du lit ; ils dérivent vers un débarcadère sec ou un bout de rocher plat, sortent de l'eau en ondulant et s'aplatissent dans un coin pour s'y faire oublier, immobiles et muets comme des moines. L'eau est trouble, chargée de sable et de tourbe grumeleuse, de limon jaune ; son cours est rapide, bouillonnant ; un bidon d'huile onze litres, vide, file à travers les palétuviers, slalome entre les arcades de branches qui ont poussé vers le reflet du ciel au lieu du ciel lui-même, se noyant tout en continuant à pousser vers le fond, sans repères, s'isolant progressivement du reste de la société des branches. C'est un fleuve, à n'en pas douter. Sinon, une rivière très grosse. Belalcazar a trouvé ce qu'il cherchait. La langue de feu scintillait déjà bien avant qu'ils fussent si près ; on eût dit qu'elle charriait des lingots d'or fondus ; l'éclat du soleil formait un halo derrière les arbres, et, maintenant qu'ils sont postés devant, les points de lumière sur la crête des vaguelettes ressemblent aux pièces jaunes d'un trésor. Tout brille dans la forêt en cet instant. Les yeux aussi, du reflet de l'eau, et d'excitation. Car les troupes croient que le terme du voyage est proche. L'issue facile. On remonte le fleuve et on trouve Païtiti. Youpi. Criez victoire si vous voulez, serrez-vous dans les bras, plongez sous les bulles du fleuve sans craindre les gardes en peau de croco, mais cinquante bons kilomètres attendent les jambes, c'est l'auteur qui vous le dit. Remonter le fleuve signifie marcher vingt jours à raison de deux kilomètres cinq par jour, et la nuit va bientôt tomber, un lieu de camp doit être trouvé. Pour être en forme une bonne nuit est préférable, couchez-vous tôt, les conditions de marche ne vont pas tarder à se dégrader, le plus dur est à venir. Maintenant, chers personnages, vous faites comme vous voulez, je ne voulais pas plomber l'ambiance, mais au moins les choses sont dites.

Une heure plus tard la berge est encombrée, boueuse, barbante à chaque pas. Les pieds pataugent dans un emplâtre mou, détrempé, s'enfonçant jusqu'aux cuisses dans le fumier bourbeux ; il arrive qu'en zone plus franche un paillasson de mousse camoufle un trou si profond que le randonneur s'englue jusqu'à la taille, y laissant forcément ses biens, un soulier, une casquette avec protège-nuque et moustiquaire intégrés, son bâton de marche, un cheveu. L'effort pour avancer dans la vase est titanesque, comparable à celui d'une fourmi au milieu d'un pot de miel. Chaque mètre est un défi. Les distances parcourues se comptent en centimètres. Vingt centimètres. Cent centimètres. Bravo. Mille. Remonte ton pied. On y est presque.

Le corps est en perpétuelle immersion, plongé dans un liquide ambiant, souillé d'une boue qui tache, ocre ; des échantillons s'étoilent sur le nez, le front, prononcent les cernes des yeux, parsèment les avant-bras de grains de beauté factices, nettoient les pores. La boue froide bout, éclabousse à chaque pas, aspire les membres et les rejette dans un bruit de succion, lave la peau de ses excroissances, lave froide en éruption.

Les tentes sont montées dans une nuit noire. Le jour a disparu d'un seul coup, comme sous l'effet d'une baguette magique. La nuit est opaque. La troupe est prise de court. On n'y voit goutte. L'humidité du matin qui s'était à peine évaporée dans la journée retombe. En fin de compte : impossible de dresser les tentes. Bientôt l'humidité se transforme en pluie lourde et serrée, mais Sophie rassure la compagnie en disant qu'il ne pleut pas, c'est seulement l'humidité qui retombe. Donc tout va bien.

Elle est la seule à avoir pu monter sa tente. En a l'habitude. Possède une canadienne une place. Les autres dorment autour du feu, assis. Le feu ne prend pas. Se décompose comme le reste de la forêt, noyée irrémédiablement dans la vapeur infinie. S'abritent comme ils peuvent sous une feuille de palmier lancéolée. Ferment les yeux, cherchent le sommeil, pensent à la vie, la mort, le temps qui s'écoule si rapidement, la fragilité de l'être, son manque d'originalité, l'aspiration au sublime, le beau, les mystères de la création, un paysage toscan au crépuscule en avril, le plaisir que nous mettons à gaspiller nos forces dans des bêtises, la course automobile sur glace, la peur d'être soi-même, le confort du matériel et de la certitude.

La nuit est le moment le plus dangereux de la journée. Ils ouvrent un œil et dormiront d'un autre ; les bestioles rôdent, la chasse est ouverte, le jaguar a faim, les reptiles s'enveniment, les fourmis escaladent les maillots de corps, les araignées descendent en rappel au-dessus de la tête, les serpents trouvent un logis au fond des sacs de couchage, se lovent autour des pieds, passent en troupeau sous les tapis de sol. Nous n'allons pas nous laisser faire. Toute personne est une forteresse sacrée. Les issues doivent être bouchées :

lèvres, nez, oreilles. Verrouillage instantané. Et l'anus : verrouillage de l'anus ! Rien ni personne ne s'introduira à l'intérieur de quiconque. Un dispositif est également mis en place pour renforcer la protection extérieure : chaque individu se couvre de la tête aux pieds. C'est sûr que dans ces conditions-là le sommeil hésite à rappliquer, mais au moins on se repose à peu près convenablement même s'il fait trop chaud sous les vêtements, ça gratte, on ne sait pas si c'est une puce, une bête ou rien, un foulard a été noué autour du cou pour prévenir les morsures de serpent à cet endroit et réduire la vitesse d'acheminement du venin au cerveau ; il y a encore d'autres règles à suivre pour ne pas mourir : le fleuve, c'est défendu de s'en approcher, d'y tremper ne serait-ce qu'un orteil, les piranhas font les trois-huit en banc serré, Sophie les met en garde, ils boivent l'eau de la rivière en y jetant la gourde attachée à une branche de lierre, loin devant, la font bouillir sous un briquet, malheureusement un ver rouge plus résistant que les autres réussit à s'en sortir et bousille un estomac.

Les dîners s'organisent autour des lampes frontales. La lampe frontale est constituée d'une écuelle fixée au front par l'anse d'un seau sur laquelle on a posé une bougie plate. Le matin, les hommes se rasent dans le reflet de l'eau, arc-boutés en silence sur eux-mêmes, retrouvant après si longtemps l'image brisée de leur visage marqué, sans tremper les pieds non plus, en équilibre sur une branche large, un ponton fabriqué à la hâte ; ils se demandent s'ils pourront tenir jusqu'au bout. Au cours du dîner, Sophie a raconté comment les explorateurs précédents sont morts juste avant de tomber sur Païtiti. Elle les escortait et puis plus rien. Tombés raides. Tous en même temps. Cause inconnue. J'emmène chaque année des dizaines de touristes comme vous, finit-elle, et personne n'en est encore jamais revenu.

## *36. Merci Sophie*

Il y a des gens qui ont le don de vous remonter le moral. La journée du lendemain est assez pénible à cause du manque de sommeil – pas pu fermer l'œil –, des mauvaises positions de repos et de ce que Sophie a dit. Le camp est monté cette fois-ci très tôt pour passer une bonne nuit. Le matin du surlendemain, béni soit Dieu, sera celui d'une excellente journée. Zip de la tente à fermeture neuve, douche au jerrican, petit déjeuner autour d'un feu froid, thé, galettes aux fruits de l'arbre à pain, brossage de dents, soleil paresseux qui prend place à travers les lianes, baignade en chantant, caïmans se rapprochent, mousse de shampoing dans le courant du fleuve, départ en footing, footing le long d'un sentier de découverte en terre dure qui monte, descend, monte et descend, plongeon dans une mare garantie sans prédateurs au retour pour se rafraîchir, il est midi, faudrait peut-être y aller maintenant.

Quatre kilomètres sont abattus dans l'après-midi, le chiffre est phénoménal, rattrape le retard, vaut bien une accolade à l'arrivée et quelques zestes de citrons pressés au-dessus de la bouche pour se désaltérer. Par la suite ils se maintiendront à bonne moyenne et continueront à chercher un lieu pour dormir dès le milieu de l'après-midi, dans l'idée de passer une longue soirée d'été, à parler, à mettre les choses au clair, à aller chasser un petit peu. Les voyageurs agrémentent leurs bagages alimentaires d'éléments présents autour d'eux, fruits défendus, feuilles, singes déjà morts, tortues d'eau, limaces et lombrics grillés – un lombric grillé ressemble à un haricot vert frit, même apparence, même goût.

Ils n'ont pas d'autre alternative que de s'adapter au milieu naturel. Mangent des oiseaux. Hug-Gluq est le roi des pièges futés, grimpe dans les arbres pour les installer, s'occupe aussi de la pêche, du feu, ramène du bois, des poissons, les flambe à la poêle, veille à ce que rien ne manque. L'absence de son frère joue en sa faveur. Nous pouvons dire qu'il se révèle à lui-même, sort de l'ombre que son voisin de naissance, inconsciemment et non, faisait peser sur lui, l'empêchant de s'émanciper tout à fait – c'est en tout cas une conclusion que nous sommes en droit de tirer devant un changement si radical. Il découvre sa sexualité en pleine maturité, assume ses responsabilités, ose davantage avancer un avis, une idée, s'affirme comme individu pensant au sein d'un groupe marchant. Un jour il s'est arrêté en disant c'est foutu, on ne le trouvera plus jamais ce trésor. Plutôt crever.

Mais dans l'ensemble Hug-Gluq a été remarquable.

Et puis très vite, selon la logique interne au fonctionnement des montagnes russes dans un parc d'attractions voulant qu'un répit ouvre sur une suite ininterrompue de figures éprouvantes et renversantes, alors que tout allait bien depuis les épreuves du début, les problèmes s'accélèrent de nouveau : une chaussure montante scie la peau à l'arrière du pied et provoque chez son propriétaire une douleur insupportable dès qu'il pose le talon, les chaussettes en mohair usagées n'ont plus l'effet absorbant escompté sur la sueur, les ampoules gonflent, brûlent mais n'éclatent jamais, les sacs sont lourds, les courbatures s'accumulent et chargent les mouvements d'un poids supplémentaire, la fièvre commence à ronger le sang, le moral est au plus bas, un membre aimé de la famille proche revient en mémoire, une larme coule toute seule à sa pensée. Pour ne rien arranger, c'est à coups de machette forcenés que la voie est ouverte dans une végétation dense et inhospitalière ; quand par hasard – ou chance – ils s'égarent du flanc du fleuve et de la terrible marche dans la boue pour contourner un obstacle infranchissable – bosquet serré, escarpement rocheux, termitière géante en activité –, un tapis casse-gueule de galets ronds glissants les accueille, éparpillés sur le sol par centaines, à intervalles irréguliers, recouverts d'une fine pellicule de mousse fourbe, d'apparence inoffensive et paf : hurlements de douleur. Plus de peur que de mal. Fontaine passe une bande autour de la cheville. Heureusement que Fontaine est là. Un coup de spray aussi et des paroles réconfortantes. Mais nous sommes loin de tout, pas d'évacuation possible en cas d'accident grave ; il faut compter sans le secours rapide d'une équipe médicale sportive. C'est marche ou crève.

## *37. Jean-Philippe ou Comment s'en débarrasser*

Au sujet du débat du soir : « Jean-Philippe ou Comment s'en débarrasser ». Belalcazar décrète un vote à mains levées. Sophie s'oppose à la majorité. Voix compte double : Jean-Philippe reste. Grâce à la technologie moderne, en un clic elle loue les services d'un porteur qui se chargera de lui, et dans le courant de l'après-midi suivant, non pas un mais deux jeunes hommes sont livrés : Mogdan et Kycash. À votre service, mademoiselle.

Grands, larges et forts d'épaules, méditerranéens aux yeux gris, muscles secs et plaques abdominales en béton, ils sont le genre de types à s'envoyer n'importe quelle fille en moins de deux. Les regards se tournent instantanément vers Sophie, qui a l'air satisfaite du produit, et Hug-Gluq comprend à cet instant qu'il n'a plus aucune chance de conclure quoi que ce soit avec elle. Ancien lutteur bulgare, Kycash vit de la culture des betteraves dans l'entreprise familiale au Congo. Mogdan, turc par sa mère, arménien par son père, est trois fois champion d'Estonie en free boxing ; il hésite encore sur le choix de sa nationalité finale et compte s'installer dans un avenir proche à Dubaï comme taxi.

Contact est pris avec Jean-Philippe. Les deux clones – leur ressemblance est frappante, ils ont la même taille, affichent le même poids – soupèsent la bête puis chargent sur leur dos ce colis qui ne devrait pas leur donner plus de difficultés qu'un sac de blé, à en croire le petit signe que le premier fait à son collègue en le tenant comme quoi ça va aller, pas besoin de s'unir, ils peuvent le porter à tour de rôle. Puis le convoi redémarre, et bientôt comme les nouveaux sont solides et musclés et que Jean-Philippe apparemment ne les encombre pas, on se déleste des sacs et on leur passe tout ce qu'on peut.

## *38. Des nouvelles de Negook*

L'arrivée des deux porteurs facilite les mouvements de la marche, améliore l'état de santé général, renouvelle le bien-être du corps et de l'esprit : le moral est de retour et avec lui le désir d'avancer toujours plus loin, toujours plus vite dans la forêt. Les distances entre le départ du matin et le campement du soir se creusent incroyablement parce que le désir (ici le désir d'action) dirige la progression à pleine vapeur et bourre les organismes de dopamine ; attention toutefois au désir : qu'il soit d'action, de sexe ou de savoir (tous trois inextricablement liés), sa tendance est fragile, éphémère, instable, elle s'effiloche comme du coton, nécessite un réapprovisionnement régulier, et bien vite la tête, d'avoir outrecuidé, éclaté de la volonté d'avancer et de la pleine assurance d'être lancée dans une histoire unique et extraordinaire, s'emporte, s'emballe, le réseau neurovégétatif se détraque, sature, fume, implose, le corps ne répond plus de rien, et il faut passer à autre chose – ou se droguer. Voici donc des nouvelles de Negook qui nous parviennent par l'intercession du pigeon voyageur, apparemment le même que celui du bateau, infatigable, couvrant mers et terres pour livrer ses messages jusqu'ici dans une forêt où la canopée est prétendument impénétrable aux oiseaux étrangers.

Negook sillonne actuellement les côtes de Bretagne et dégote en toute légalité, au nom d'une association pour la protection des fonds sous-marins, un tas d'objets dans des bateaux qui ont coulé. Cette vie lui plaît ; toujours sur le départ, elle est excitante, l'ouvre au monde, aux gens de ce monde – il a l'impression, écrit-il, d'être devenu intelligent, d'avoir trouvé sa place, et généralement quand on est dans son élément on est plus à son aise pour tout. Il est encore sous les ordres d'un patron mais voudrait se mettre à son propre compte avant la fin de l'année, être capitaine. Il revendra sa cargaison à des musées pour se construire un bateau plus gros et repartir avec un associé. Sa plus belle pièce pour l'instant est une cuiller à cuilleron circulaire et manche droit datant du début du dix-huitième siècle, épave des Poulins, Côtes-d'Armor. Il espère qu'ils vont bien et les embrasse fort. Bisous.

Negook

« Post-scriptum : pour l'associé, j'avais pensé à Helmut (si j'arrive à le retrouver). »

*

Décidément le ciel n'est pas avec eux car il se met à pleuvoir pendant toute la semaine suivante. Le pigeon a prévu le coup, qui a repris sa course juste à temps ; habile battement d'ailes vers un chêne précolombien, allumage des réacteurs, décollage vertical – le courrier n'attend pas, même si les soutes sont vides. Trop tard : Hug-Gluq espérait lui demander le jour et l'heure de la prochaine levée pour répondre à son frère ; ils risquent de perdre le contact à la veille de moments importants pour tous les deux (Negook va faire fortune, se marier ; Hug-Gluq disparaîtra dans une chute d'eau vertigineuse au chapitre 49 de ce livre, en réchappera indemne et retrouvera la sortie de la jungle seul).

Une pluie violente s'abat, déréglée, ininterrompue, alternant verse moyenne et verse folle, par paquets, aussi violente qu'un retour de vague sur un pont de navire allemand, et avec elle le vent se lève aussi, pliant les arbres comme de la mauvaise herbe ; la forêt est un marécage, les animaux paniquent, piétinent, reniflent, s'astiquent, beuglent, barrissent ; il y a des naissances de moustiques par milliers, les mères sont débordées, plantent leurs trompes où elles peuvent, piquent tout ce qui bouge, s'organisent en escadrons de chasse pour remplir les couches ; l'expédition se transforme peu à peu en cauchemar. Au deuxième jour de pluie, ordre est donné d'établir un campement et d'attendre la fin du déluge : la pluie tombe tellement qu'on ne marche pas, on nage, l'eau monte rapidement jusqu'au nombril, alourdit les jambes, les hanches, réduit le corps à un sac de plomb impotent et l'avancée à néant ; non, ça ira plus vite de se laisser porter par le courant, problèmes : 1°) les caïmans, 2°) pour garder le cap, c'est à contre-courant qu'il serait préférable de nager, or la nage, contre-courant ou pas – contre-courant à plus forte raison –, est un effort plus dur à soutenir que la marche, même chez l'être humain le plus doué, et quand bien même la suite de l'expédition s'effectuerait en crawl ou en brasse papillon, la baignade est interdite dans une forêt (risques de courants, racines échasses, insalubrité de l'eau), donc pas question de continuer. Le moment est peut-être venu de tout abandonner. Seulement voilà : rebrousser chemin est aussi incertain que de continuer ; attendre sagement la venue d'un autochtone pour les conduire à la sortie ne veut pas dire moins qu'attendre la mort.

Un terrain surélevé est cherché. Dans la nuit le lit du fleuve se retourne. Ça fait un bruit pas possible de ressorts rouillés. Les tentes sont inondées. Elles ont été plantées précipitamment dans un sol argileux, incliné à trente pour cent, les pieds dirigés vers le bas de la pente pour dormir et permettre au cerveau de ne pas être trop irrigué pendant le sommeil, tout de même. La tente principale contient les hommes et un coin pour Fontaine, séparé du reste de l'espace par une serviette de bain utilisée comme rideau. Mogdan et Kycash, allez savoir comment, ont trouvé une place dans la tente de Sophie, toute petite, et Hug-Gluq se dit que forcément, pour tenir, ils se sont empilés les uns sur les autres, dorment emboîtés ou quelque chose comme ça – les combinaisons sont nombreuses. Belalcazar retient la tente pendant toute la nuit contre les assauts du vent, la main droite agrippée au piquet, et dès les premières lueurs du jour un double toit est tendu et fait écran contre la pluie ; à l'heure du déjeuner, le démontage des tentes est déclaré (un glissement de terrain a précipité la tente dans le fleuve, récupérée au prix d'une longue lutte en abattant un eucalyptus en aval qui a fait barrage).

Au vu de la montée des eaux, une seule solution : réaliser un camp en hauteur, hausser les tentes, puis les dresser après les avoir haussées, ou les hausser déjà dressées – elles seront de toute façon montées – dans un arbre ou sur pilotis. La construction d'installations plus stables commence alors, des passerelles sont créées entre trois palétuviers afin de communiquer d'un coin à l'autre du campement sans avoir à redescendre de l'arbre ; le nouveau lieu de vie devra tenir plusieurs jours.

*

La forêt n'est plus qu'un immense bassin d'eau entre les rangées d'arbres verticales. Bien que dramatiques, les intempéries offrent un spectacle unique, il faut le dire. Un rondin servira de tabouret, ce trou de chouette de range-couverts ; une table familiale faite à partir de longues branches taillées, rabotées et ajustées en un panneau de cinq mètres sur deux rassemblera l'unité pour les repas. Un espace rencontres a été prévu sous une bâche pour discuter entre amis, se retrouver après une dure journée, tapis de mousse à l'appui et décoration cosy – l'esprit d'équipe est une énergie renouvelable à entretenir soigneusement. Au final, c'est un vrai petit village qui vient de se créer là.

## *39. Cinq jours plus tard*

Vent et pluie tombent. La pluie suit l'exemple du vent et s'arrêtera bien un jour : elle s'amenuise au point de devenir aussi fine qu'une graine de couscous qui s'infiltre partout, glisse sous un cheveu, dans les duvets, entre les planches de la table à manger, gâte le bois, les articulations, occasionne en définitive des dégâts plus vicieux que le déluge, attire les fourmis, les termites, des insectes hybrides comme ce ver dégoûtant gros comme le pouce avec un bec pas plus épais qu'un ongle et des plumes en queue de wagon, ou cette sauterelle à deux têtes dont la trompe arrière injecte sur la peau des humains un liquide indolore provoquant une cloque purulente dans les trois minutes qui suivent.

On se protège comme on peut sous d'amples ponchos de plastique carrés, tellement longs qu'on ne voit pas ses pieds et c'est très dangereux pour se déplacer, surtout sur un arbre, donc on se déplace le moins possible, donc les passerelles que l'on a construites ne servent à rien, donc on fait la gueule, à cause des passerelles et pas seulement, parce qu'on ne peut pas se servir de ses bras, parce qu'on a besoin de ses bras, parce que sans les bras on ne peut plus rien faire, on ne peut même plus se déplacer, les pingouins sont presque dans le même cas mais les pingouins glissent sur le ventre, eux, alors on pense aux pingouins, on pense aussi aux scaphandriers dans l'incapacité de se gratter le nez, parce qu'on a chaud là-dedans, c'est atroce comme on a chaud, parce que la capuche vous isole des sons, limite votre vision de moitié, il suffit que vous tourniez la tête et que la capuche, plantée sur le vêtement comme un clou dans un mur, ne bouge pas, et vous vous retrouvez dans le noir complet.

Les nerfs sont mis à rude épreuve depuis le début du voyage. L'idéal serait de profiter de l'interruption forcée pour penser à autre chose, se détendre, dormir jusqu'à treize heures, faire le point en soi-même, descendre de l'arbre pour nager dans les bois – l'eau monte encore jusqu'aux deux tiers de la hauteur du tronc, elle est assez profonde pour se livrer à un concours de bombes et de plongeons.

C'est oublier qu'une vie dans un arbre, un arbre de la jungle, une jungle inondée de surcroît, comporte à peu près autant d'obstacles, proportionnellement, que la remontée des Champs-Élysées pour un rat : les mouches se pointent dès l'aurore à l'intérieur des tentes, se posent sur le nez, rentrent dans les oreilles, cependant les moustiques disparaissent mais ne vont jamais très loin, prêts à remettre ça dès le premier obscurcissement ; rien de bien méchant, me direz-vous, comparé au rat, aux dangers des voitures, des passants, un chien de maître tenu en laisse, l'eau des égouts remontant du trottoir, le balai d'un agent de surface, les vélos, les motocyclettes, plus bas la ligne 1 du métro ; rajoutez la soif, la faim – à peine peuvent-ils cueillir quelques bananes, passer d'un arbre à l'autre pour aller voler les œufs d'un nid de poule – et les blessures à répétition, les morsures de l'aube, l'usure des nerfs et des défenses immunitaires, Belalcazar attaqué à la jambe par une fourmi de cinq centimètres, paralysé deux jours, couché, Fontaine à ses petits soins, heureuse, en pleine forme, jamais malade, jamais ne se plaint, femme exemplaire, une femme idéale pour Belalcazar, qui ne la remarque point, la pauvre, jamais, ferait mieux de la conquérir elle plutôt que l'or de sa cité secrète qui lui en prodiguera moins que l'amour, c'est sûr, quarante-sept chauves-souris tuées en une heure, les scorpions, les tiques, un pécari manquant crever l'œil de Hug-Gluq penché sur une orchidée sauvage quand le museau du cochon bondit de derrière les ramages, une bonne dizaine de vipères tous les jours qui chutent des branches, se mélangent aux assiettes de pâtes, s'enroulent autour des pieds pendant la nuit – quelle chance que personne ne se soit fait mordre encore : vous comprendrez combien il est douteux, quand on ne se défend pas aussi bien qu'un rat, de s'occuper à autre chose qu'à sa propre survie.

Au pied du tronc les caïmans montent la garde, ouvrent des mâchoires dentelées comme des scies, frappent l'eau d'un coup de queue impressionnant – manquerait plus qu'ils abattent l'arbre.

## *40. Fontaine a de l'espoir*

Fontaine consulte de quatorze à seize heures, le jeudi et le vendredi, sous le chapiteau de l'espace rencontres; le patient s'assoit à la lumière du jour au bout de la planche posée entre deux nœuds de bras de branches costaudes, au bord du vide car c'est là que la lumière arrive – nous sommes à trois mètres du niveau de l'eau, ça va encore, le vide n'est pas sans fond.

Il exprime son mal, Fontaine regarde, extirpe le mal, désinfecte et demande si ailleurs il n'y a pas un autre mal. Le patient la regarde, s'interroge, de quel mal parlez-vous, je parle d'un mal intérieur, d'une tristesse, quelque chose qui remonterait; ce que l'on a de plus douloureux en soi refait surface dans les moments difficiles, vous savez.

Et presque toujours le patient se met à pleurer; quand il ressort son cœur bat normalement, il est vidé, léger, prêt à se remplir d'une nouvelle force.

Fontaine pleure à son tour de ne pas confier ses peines, de devoir garder son chagrin pour elle. La nuit s'est installée quand elle est triste ; un papillon s'approche et boit ses larmes. Il fait ainsi pour tous les habitants de la forêt, c'est sa manière à lui de se désaltérer.

Ses pensées vont à Belalcazar. Toutes. Rien qu'à lui. Quand il est arrivé avec sa fourmi, elle a détaché la tête de l'insecte avec un doigt ; Belalcazar avait été mordu jusqu'au sang et la fourmi ne voulait pas partir, agrippée à la pulpe, mâchoire fermée. Elle a désinfecté, tamponné en appuyant bien pour sentir sa chair dessous, sa chaleur. A demandé si. Mais Belalcazar n'avait pas d'autre mal. Il l'a regardée gentiment en lui disant cela. Je vais bien, a-t-il ajouté. Sans pleurer. En continuant de la regarder gentiment. Alors un événement s'est produit : le soleil est revenu sous la forme d'un rayon puissant et unique qui a traversé le feuillage du campement, révélant sous l'effet de la brume les contours de ce qui ressemblait à une poutre ou à une colonne venue là pour remplir le vide entre les arbres et le ciel, soutenir les fondations de l'existence humaine, retenir la lente dégradation des âmes. La forêt s'était tue. Belalcazar souriait. Il souriait en regardant la lumière et en regardant Fontaine, passant de l'une à l'autre comme s'il était en train de se faire la remarque

que les deux se ressemblent, existent, ont un point commun flagrant, sans toutefois pouvoir l'analyser encore ; et ce sourire, Fontaine l'a reçu en pleine figure, comme mille rayons de mille soleils à la fois.

## *41. Où la situation empire, tout en s'améliorant*

Au matin du sixième jour, la forêt se vide en aussi peu de temps qu'elle s'est remplie ; c'est l'heure où d'autres font couler des bains.

Les caïmans rejoignent le fleuve. Les hommes descendent des arbres et les singes remontent pour les remplacer.

La marche débouche sur une allée de sable sans fin, tracée en ligne droite au centre d'une plantation de manguiers fusiforme, interminable, mais au terme de la journée suivante les manguiers laissent la place à des dattiers, et tout cela nous mène rapidement, contre toute attente, aux graviers secs et au sable rond d'un terrain vague, aride, dénué d'amour et de végétatif, où le regard porte aux quatre coins du monde sans donner plus d'indications sur l'endroit où nous nous trouvons qu'un cactus de soixante-dix-sept centimètres.

Ça semble faire partie du voyage, donc personne ne s'inquiète ; la température est élevée, au-delà de ce qu'un être normal peut endurer ; la présence d'un éléphant dans le lointain constitue le sujet principal des discussions du reste de la journée. Puis une girafe est aperçue, deux grands oiseaux forment des cercles parfaits dans le ciel. On rentre de nouveau dans la forêt et tout est oublié. Les voyageurs sont accueillis par une série de berges hautes comme des vagues de huit mètres, qu'ils doivent écumer sans faiblir, escaladant l'ubac, bivouac au sommet, désescaladant l'adret, non sans adresse. Le lit du fleuve est retrouvé, certains s'y coucheraient volontiers. Le fleuve se ramifie en plusieurs maigres cours d'eau qu'il faut traverser en passant agilement d'une pierre émergée à une autre pierre émergée, et parfois la promenade mène à un champ abandonné et fleuri, où le pique-nique de midi a lieu sous un bougainvillier centenaire. Les caïmans n'ont plus été vus depuis un bout de temps, ni les moustiques ; vraisemblablement les conditions s'améliorent. On sort de nouveau de la forêt et nous voici en pleine civilisation. La ville marche sur l'économie du bois, emploie des pelleteuses conduites par des ouvriers blonds en jean bleu et T-shirt blanc serré, Caterpillar aux pieds, creusant des carrières vertigineuses au rythme d'une par jour, mettant à nu les différentes couleurs des couches stratigraphiques exposées. Les singes sont dans des cages. Les cages sont au bas des arbres. Les arbres sont abattus sous les yeux des singes. Au loin, un incendie ravage ce qu'il reste de vivant. Les singes crient. L'incendie se rapproche à la vitesse d'un cheval au galop. Ne traînons pas. Cette partie de la géographie n'appartiendra bientôt plus à la géographie. Prenons sur notre gauche. Il y a un raidillon de broussailles nous ramenant sous abri : retour à la forêt. Quatre semaines auront été nécessaires pour parcourir un peu moins de quarante kilomètres. La victoire est proche. Plus que dix petits derniers et le tour est joué. Souhaitons-leur de tenir bon, de ne pas se décourager à ce stade du parcours.

Dans la nouvelle forêt, qui n'est que le prolongement de la précédente, la végétation est encore plus épaisse qu'auparavant, elle plonge les individus dans une obscurité de plus en plus inquiétante. Le pire est à venir, évidemment ils ne le savent pas, heureusement d'ailleurs, car si l'homme pouvait connaître l'avenir il ne retiendrait de lui que les mauvais côtés, jamais les bons, il vivrait dans une peur encore plus grande que celle qu'il éprouve déjà sans le connaître. C'est comme si les arbres s'étaient resserrés les uns contre les autres pour les empêcher à tout prix de passer. Le ciel n'est plus du tout visible et la progression s'effectue à tâtons, un bras tendu devant soi, l'autre près des yeux et du front pour parer les chocs. On se croirait dans une cave. Le souvenir des jours précédents leur revient, et les jours anciens semblent si doux qu'ils se disent que ce n'est pas possible : y aura-t-il un terme à ce voyage ? Les épreuves semblent éternelles à ceux qui les subissent ; l'idée même de la lumière est oubliée, mais à la sortie la vie nous reprend avec une telle force qu'elle nous somme de vivre cent fois plus que quand nous l'avons quittée, et cette sensation est plus agréable encore que la vie elle-même. Sophie est toujours là, dans un sens c'est une bonne nouvelle, au moins y a-t-il une beauté à contempler dans toute cette crasse. Elle avance sans faiblir, à l'avant du train, et eux, derrière, pour ne pas se retrouver sans plus rien de sublime sur cette terre, ils n'ont pas d'autre choix que de la suivre. Les pieds s'enroulent dans les spires et les vrilles de la vigne sauvage que les arbres ont tendue au-dessus du sol en faux filets filous. Les semelles de ceux qui en ont encore glissent sur les racines humides. Les chaussures sont usées jusqu'à la corde, dessemelées ; des pieds n'hésitent pas à s'exposer nus malgré les recommandations de Fontaine de se prémunir des blessures faciles, surtout après avoir survécu à d'autres maux plus embêtants. Survivront-ils aux prochains ?

## *42. Surpris par la nuit*

Les grognements se font entendre à peu près chaque nuit depuis trois jours et ça devient inquiétant ; de toute évidence un animal féroce, femelle de type panthère d'Amérique, jaguar adulte ou tigre Amba, les suit à la trace. À plusieurs reprises, on a même pu sentir son souffle contre la toile de tente. En vérité, la situation n'offre pas d'échappatoire ; le sort de nos aventuriers est lié au bon vouloir de cette bête affamée qui n'attendra pas éternellement que la viande soit cuite ; il est probable que notre histoire s'arrête dans trois pages sans plus de personnages à notre charge que cette bête dont nous ne saurions à elle seule tirer une histoire en rapport avec le sujet de la nôtre sans ennuyer le lecteur. Nous dirons donc que les hommes et femmes composant ce récit, nonobstant le danger rôdeur, ne perdent pas leur courage, continuent chaque matin à démonter le camp pour mener à bien leur progression lente et difficile, tous les soirs à planter la tente dans un endroit différent, toutes les nuits à trembler dans leurs lits en s'obligeant à prier, à invoquer l'aide d'un dieu tout-puissant à défaut d'un car de CRS armés.

Des doutes subsistent quant à l'identification du prédateur et du même coup l'espoir de s'en tirer à bon compte. A-t-on la preuve formelle, oculaire, que ledit poursuivant est un animal de mauvaise compagnie? Belalcazar avance la question au cours d'une insomnie. Les oreilles sont tendues vers les bruits de la nuit que l'imagination exacerbée fabrique intarissablement, Fontaine ira même jusqu'à entendre le son d'un aspirateur en marche. Cela se pourrait qu'il ne fût pas question d'animal, effectivement. Vivant, Jean-Philippe était tout à fait apte à émettre ce genre de son quand il dormait sous la tente d'Inyoudgito. Mais Jean-Philippe est mort et Mogdan et Kycash sont catégoriques : les morts ne dorment pas. Si Jean-Philippe était vivant, ricanent-ils, nous l'aurions remarqué depuis longtemps, et puis les vivants sont plus lourds que les morts, c'est ce que disait notre grand-mère.

Dans l'attente de résoudre l'indistinction de l'homme ou de la bête – le danger n'en est pas moins grand – et de trouver meilleure protection contre le rôdeur, les deux hommes forts ont été mis de garde toutes les nuits devant les tentes, et les grognements cessent. Dès qu'ils rejoignent la tente avec Sophie, les grognements recommencent et Hug-Gluq se demande si les bruits ne proviennent pas de là où il s'interdit de penser qu'ils proviennent. À peine a-t-il le temps d'émettre cette hypothèse qu'un ours blanc surgit dans la nuit, pas tout à fait la nuit, la fin de la nuit.

Le jour est en train de se lever. Hug-Gluq est debout le premier, sur le point de réalimenter le feu qui s'éteint, projetant dans un coin de son emploi du temps de préparer le petit déjeuner avant la dure journée qui les attend. La blancheur de l'ours éclaire le bois aussi bien qu'une lune, et son apparition en pleine nuit eût eu quelque chose de surnaturel et de mystique, mais avec les premières rougeurs de l'aube et du feu renaissant, Hug-Gluq n'a aucun mal à le reconnaître : c'est l'ours blanc que son frère et lui avaient cherché dans la neige sans le trouver. Les réflexes du chasseur d'ours resurgissent immédiatement : gonflement des narines, augmentation par trois du sens de l'odorat, abaissement des paupières jusqu'à ne plus rien laisser percevoir à la proie du sens et de l'intention de son regard, humidification du bord palpébral gauche et de l'artère fémorale droite, petits pas discrets vers la tente sans quitter l'apparition des yeux, passage de la tête à l'intérieur de la tente pour demander à tout le monde d'une voix basse, que l'émotion ne rend pas moins haute qu'une voix normale, de bien vouloir sortir pour se battre, et quand il revient l'ours a disparu. À sa place se tient un homme de petite taille, nu sauf le sexe fourré dans un bambou court et taillé en pointe, le visage fermé mais l'œil vif et belliqueux, prêt à décrocher la hache de poche qu'il a glissée sous un ceinturon en tige de lierre et dont la pierre est tournée vers lui, entaillant son abdomen d'un ru de sang vermeil, manche en bas, gouttes de sang tombant sur les pieds sans l'inquiéter.

– Moi pas vouloir de mal, dit-il en gesticulant. Moi chercher refuge.

Il joint ses mains pour évoquer un toit.

– Village de moi à mes trousses.

Ses poings serrés sont ramenés sous les aisselles et miment une course à pied.

– Eux couper tête à moi si moi pas caché.

L'homme a le couteau sous la gorge.

## *43. Surpris par la nuit, deuxième*

Le petit homme, qui a les cheveux longs et la peau de la couleur d'une amande fraîche, répond au nom de Petit Pénis. Petit Pénis signifie Petite Peine en langage cloak, celle qui ne se voit pas forcément et contre laquelle on se bat toute sa vie : tristesse, spleen doux, nostalgie passagère. Le cloak est parlé essentiellement par les tribus du nord de la Caoueta, aux confins du Keneph et de la Pelun brésilienne, à majorité Tunng et Pouacre y compris ceux des bords de l'Agusto. Petit Pénis est un artiste sensible qui est souvent triste et porte son nom à merveille, mais comme tous les artistes il est capable de ressentir un grand bonheur aussi. Cette palette d'émotions lui a valu d'être mis à l'écart de sa tribu relativement tôt, les Panthères du Désert, dont la culture traditionnelle n'est pas connue pour être celle de la différence. Petit Pénis sculpte des totems hauts et majestueux dédiés aux dieux de la nature et pas du tout à l'histoire de sa famille comme il faudrait que ce soit le cas. L'érection de ses sculptures lui permet d'exprimer sa pensée singulière et de vivre en paix avec lui-même ; dans le village cette appropriation du culte pour soi-même est critiquée. Aujourd'hui Petit Pénis part à la conquête du monde pour essayer de trouver sa propre vérité et de développer son art. Cette liberté de décision sur la manière dont il veut conduire sa vie ne plaît pas du tout au chef, qui lui prête des accointances avec les esprits mauvais. Lui et ses gardes ne sont qu'à une journée de marche et entendent montrer à l'effronté qui commande ici.

Il fait grand jour et l'ours doit être loin. L'assistance reste de marbre. Petit Pénis trépigne :

– Eux couper tête à moi, répète-t-il.

Il dégaine sa hache et la fait tourner au-dessus de sa tête pour les impressionner.

– Eux couper tête à vous si vous pas m'aider car moi pas quitter vous.

On a connu des matins plus calmes.

– Fuite ! Fuite !

Les corps endoloris par une trentaine de nuits dans la jungle tordue se déplient lentement et s'extirpent des tentes en silence. L'irruption de l'étranger à une heure si matinale jette les voyageurs dans l'embarras ; devant l'Indien qui s'agite, eux être sans voix, chiffonnés de sommeil, perclus de courbatures, bras mous, s'interrogeant du regard à distance, indécis quant au comportement à adopter. Sophie est diplômée d'un Deug de psychologie donc Sophie va nous sortir de cette mauvaise passe car Sophie est plus intelligente que tout le monde concernant les gens bizarres et la compréhension des agissements humains de façon générale.

Elle s'approche de l'Indien d'un pas mesuré. Il a baissé sa hache et ne cherche pas le combat. Observation faite, c'est un doux : la forme de son nez, l'allongement de son front en disent plus qu'un doctorat. Sur le visage l'âme jette le fond de sa nature, et pour qui sait lire sur les traits, l'humanité n'a plus de secrets. Il faudra néanmoins se méfier de ce petit regard noir étiré sous les paupières en lame, dont les intentions à plus de deux mètres sont impossibles à lire.

– Je parle votre langue, lui dit-elle en articulant bien les syllabes. Je vous comprends bien. Nous vous comprenons tous bien.

(Elle laisse des blancs indispensables entre chaque phrase pour désamorcer la tension.)

– Nous allons trouver une solution, continue-t-elle en posant ses mots aussi calmement que ses pieds, effectuant deux mètres par dix secondes, prudente, les mains suspendues devant elle dans l'attitude d'un somnambule, paumes relevées face au patient, ayant trois bons pas encore à remplir avant le contact, et trois bons pas c'est beaucoup, dans la vie tout peut basculer en trois bons pas, cependant l'homme se laisse approcher sans résister, subjugué par la Blanche à forte poitrine qui s'adresse à lui.

Elle lui a pris la main et l'emmène à l'écart derrière un fourré. Ils disparaissent. Le fourré se met à bouger et quand ils ressortent tout est arrangé. L'homme accepte de les aider à survivre dans la forêt en échange de leur protection. Il connaît évidemment tous les pièges, anéantira les animaux rien qu'en les regardant dans les yeux – question de confiance en soi – et saura se servir au libre-service du rayon alimentaire et des plantes adaptogènes le long des allées naturelles : bio garanti, force et moral pour tous jusqu'à l'issue de l'aventure. Bienvenu à toi, l'ami.

Il commence par distribuer à chacun des graines de légumineuse tropicale à mâcher :

– Très bon pour cœur boum boum, assure-t-il. Beaucoup vitamines. Aider vous résister contre maladies.

Puis il sort d'un sachet transparent glissé dans ce qui lui sert de slip une pincée d'herbe bleue à fumer.

## *44. L'évasion*

Construire un radeau est un rêve de gosse ; Hug-Gluq est heureux d'y avoir été affecté ; on lui a dit : tu as très exactement une heure pour dessiner un plan, chercher le bois, ajuster les rondins de balsa, mettre à l'eau le résultat : une heure et pas plus, les coupeurs de têtes sont à un quart de soleil de là, il n'y a pas une minute à perdre, tu devrais déjà y être, entends-tu les tambours qui résonnent ? Ce sont eux.

Quand Petit Pénis a préconisé de fuir éventuellement par le fleuve, ce qui les mettrait hors d'atteinte des poursuivants plus rapidement qu'à travers l'inextricable flore arboricole absurde, son idée a été accueillie favorablement par un sifflet de réjouissance obtenu à l'aide de deux doigts habilement placés dans la bouche puis d'un bras levé marquant la mesure des trois monosyllabiques suivants, avec reprise à l'hémistiche par le chœur de la clausule bi : hip, hip, hip, hourra.

Que n'y avaient-ils songé plus tôt ? Le fleuve est la clé de tous leurs problèmes : solidement campés sur l'embarcation plate, les marins d'eau douce n'auront qu'à se laisser porter par le courant pour semer l'ennemi et avancer plus profondément au cœur de la forêt sans se fatiguer ni craindre les panthères. Un séjour passé dans les arbres au-dessus de trois mètres d'eau n'est pas plus impressionnant que quelques heures sur le bois d'un autre arbre posé sur les flots. Si l'on y réfléchit bien, la différence se trouve dans la position de l'arbre, verticale dans le premier cas, horizontale dans le second. Avec pour le second la peur du vide en moins. Ils sont donc tout à fait prêts à y passer plusieurs jours, et la perspective nouvelle du moyen de transport nouveau réveille les esprits, relance la motivation comme cela a pu être le cas à d'autres moments du récit ; la vie est ainsi faite de modestes plaisirs à quoi se raccrocher pour ne pas s'effondrer : nos personnages sont impatients de voir Hug-Gluq achever son travail.

Petit Pénis a suivi du regard la disparition progressive de Hug-Gluq en quête d'un arbre à abattre, s'attendant à patienter au moins vingt minutes avant qu'il réapparaisse et surpris, après seulement dix, de le voir revenir tractant le bon, en bois de balsa, au moyen d'une liane épaisse nouée en deux bouts et tenue à hauteur du front tel un bœuf de labour ; si la première partie de son travail ne lui a pris que la moitié du temps imparti, la seconde, consistant à produire concrètement un radeau solide et suffisamment grand pour les accueillir tous, bagages et Jean-Philippe compris, a débordé largement.

Assis en lotus sur une souche à rejets, le dos de ses mains posées sur les genoux et la réunion des doigts de chaque main formant un o tourné vers le ciel, Petit Pénis est resté silencieux et attentif au travail de l'artisan pendant toute la durée de la construction, qui n'a pas duré une heure, ni deux, mais tout le jour, à tel point que quand on est monté sur le radeau immergé et prêt à naviguer, et que le courant a commencé de les transporter vers d'autres lieux plus cléments, les tambours, dont on avait commencé d'entendre le martellement peu après la rencontre avec l'Indien, résonnaient bruyamment; Hug-Gluq avait ajusté une trentaine de troncs, reliés entre eux par du bambou et de la fibre végétale étanche, joints serrés, et dès qu'un pied a été posé sur le radeau dans l'eau, puis un deuxième, un troisième, la satisfaction s'est répandue que Hug-Gluq avait fait du bon boulot, le temps paye toujours; le radeau ne penche pas, reste droit, flotte à merveille. Félicitations. Avec un tel engin nous irons loin. C'est du solide. Les embûches du fleuve n'auront qu'à bien se tenir.

Le courant les porte par deux kilomètres-heure entre les joncs dits de Floride, sous des ponts de palétuviers clairsemés et des cordes d'algues grimpantes, stationne un court instant dans une mangrove, reprend sa vitesse de croisière, accélère maintenant qu'ils sont habitués à diriger le radeau. Ils le conduisent à la perche, en diagonale du courant, passant de l'arrière à l'avant des troncs de balsa géant pour équilibrer et s'adapter au degré d'inclinaison de la pente quand le fleuve plonge, slalomant comme ils peuvent entre les îlots glissants de rocs plats où tiennent encore par les griffes quelques tortues carnassières à carapaces molles, avalant des bacs d'eau fraîche à chaque fois que l'avant transperce une lame, retrouvant des eaux plus paisibles enfin.

Un ventre gonflé de noyé en décomposition navigue d'une rive à l'autre du fleuve. Petit Pénis meurt d'une flèche plantée dans la nuque. La tragédie survient alors qu'on pensait être tiré d'affaire. Les tambours frappent près, fort, sans relâche. L'infanterie des coupeurs de têtes a envahi les berges, occupe le terrain ; les effectifs sont placés aux endroits stratégiques qui observent la cible. A posteriori, l'idée d'avoir voulu passer par le fleuve était idiote. Maintenant ils sont coincés, et à moins de s'enfoncer sous le fleuve, ce qui n'est pas possible, ils n'ont plus qu'à se rendre.

Petit Pénis est mort à l'âge de trente-quatre ans après une brève apparition dans l'histoire, laissant derrière lui douze enfants seuls avec leurs quatre mères et une maigre pension d'artiste maudit dont les œuvres finiront tout de même au musée d'art et d'histoire contemporains de Belize. Il avait encore beaucoup de leçons de vie à donner, disait souvent que rien ne sert de courir, il faut apprendre à ralentir le temps, à rester immobile en laissant défiler les richesses de l'existence en dedans de soi au lieu de se fatiguer à aller les chercher loin, toujours plus loin car on n'est jamais satisfait, on passe à côté de l'essentiel. C'était un sage.

## *45. Pas vus, pas pris*

Les pointes émaillées des lances en silex frappé et des flèches en canine de louve se dressent à travers les buissons dans leur direction. Il y en a une cinquantaine au mètre carré ; l'angle dur de ces instruments de pierre claire détonne sur la rondeur du vert ambiant. Seuls quelques doigts sont visibles, vissés à l'aileron des flèches ; les assaillants ne laisseront voir à leurs proies que leurs bras : pas une tête, un visage : rien. Leurs gorges émettent des cris basse fréquence, non modulables, un tantinet brouillons mais expressifs à souhait – ces gens-là ne leur veulent pas du bien. Pour Belalcazar et son équipe, l'ennemi est donc invisible, et si on ajoute à l'oppression des tambours la surprise produite par ces cris, nous pouvons supposer qu'ils sont terrifiés. Nous le serions à moins. Hors de question alors de se faire massacrer sans bouger. Une course-poursuite s'engage. Les flèches décochées atteignent le radeau. De l'une ou l'autre des rives du fleuve, le radeau n'est qu'à quelques brasses de portée des flèches. Certains guerriers, à court de munitions, continuent à la nage, croyant pouvoir atteindre l'ennemi en solo et l'étrangler à froid, mais les piranhas ont faim ; on aperçoit juste l'avant du bras nager le crawl, puis la main crier au secours en langage des signes ; ensuite plus rien. À bord du radeau, le perchiste chargé de percher se met à percher comme jamais il n'aurait pensé percher quand il a commencé à percher. L'objectif : retrouver une zone protégée, naviguer à couvert. Mais dans un coude du fleuve le radeau heurte la plage et les naufragés sont projetés sur la rive. Une voie balisée part dans la forêt à la perpendiculaire du lit. Les bagages ont chaviré et finissent plus bas, en flottant à moitié, dans le saut du rapide. Le bruit de l'eau est assourdissant, écrase tous les autres bruits. Comment savoir si les tambours sont encore là ? Les rescapés s'enfoncent dans la moiteur du chemin à toute vitesse, et, à mesure que le fleuve s'éloigne, le bruit de l'eau diminue ; après plusieurs minutes de course olympique qui leur semble éternelle, c'est en toute confiance qu'ils peuvent dire que les tambours se sont tus. Tout le monde est là. Nous pouvons recommencer à marcher normalement.

Ils évoluent librement encore pendant deux jours et deux nuits avant d'être rattrapés, filant au cœur d'un sous-bois à claire-voie, glissant en pente douce vers une destination qu'ils ignorent, presque nus, sans s'interrompre une seule fois ; ils n'ont plus rien à se mettre sur les épaules ni sous la dent hors ce que la nature peut leur offrir en dépannage, brièvement (puisqu'ils ne s'arrêtent pas) : manteaux de palme, sandwiches aux tiges, apéro de chenilles, tartines de vers et serpents crus.

Galvanisés par la peur, nos héros marchent à la vitesse louable d'un cheval au trot ; ils sont un peu traumatisés par ce qui vient de se passer, incapables d'articuler un seul mot, ayant choisi pour le moment d'agir plutôt que de réfléchir.

Ils récoltent l'eau des pluies retenue au creux des feuilles les plus larges ou en tranchant des lianes coupe-soif. L'environnement naturel de ce coin de la forêt est d'apparence plus clémente, moins sauvage que ce qu'ils ont pu connaître jusque-là. La mousse est fraîche, l'herbe tendre ; au sol poussent des plantes distinctes, reconnaissables ; au moins la lumière passe. Ils longent de douteuses propriétés étirées, blanches et basses, aux toits plats et aux volets fermés, dont les murs recouverts de chaux boueuse portent les traces des pluies passées, bâties au milieu d'un jardin parfaitement soigné, arbustes cubiques méticuleusement taillés ; l'herbe est tondue comme un terrain de golf, idéalement verte, alors que vraisemblablement ces habitations-là sont abandonnées depuis le début de la saison ; un ballon de football se dégonfle au bord d'un bassin artificiel peuplé de poissons blancs importés du Japon ; une pelle d'enfant, un râteau jaune à trois doigts se croisent par hasard au milieu d'un bac à sable de poche ; le tout est protégé par un grillage rouillé, haut de six pieds, où volent par endroits des lambeaux de vêtements pris dans un trou. Chacune de ces propriétés est distante d'un kilomètre. Un village les alimente en produits du marché. Ils traversent le village sans argent pour manger. Cent cinquante-quatre têtes humaines sont suspendues à un mur de glaise, ratatinées, réduites aux dimensions d'une orange ; la forme du crâne et les traits du visage n'ont pas été modifiés – le spectacle est saisissant, comment font-ils cela ? Pour obtenir un tel résultat, les crânes ont été au préalable brisés puis retirés ; la tête ainsi vide est remplie de sable chaud qui agira en conservateur efficace. Pour les visiteurs affamés et sans le sou, la guirlande a l'avantage de couper l'appétit, et, en ressortant du village sains et saufs, ils s'engagent à la hâte vers les hauteurs moyennes d'une maison en pisé, perchée au sommet d'une tortille menant à une colline d'où ils espèrent avoir une vue dégagée sur la région avant la nuit et retrouver leur direction pour repartir de meilleur pied dès le lendemain matin. Tu parles : aux abords d'un pont ils tombent dans un puits profond aux parois glissantes et sans prises. Ils y chassent pour manger la grenouille, l'escargot, tendent des pièges aux gros gibiers venus dans l'intention de s'abreuver à un seau mais il n'y a plus de seau depuis longtemps, ni de corde, et le gros gibier plonge un œil compatissant au fond du trou sombre sans se faire prendre. Comme les heures passent et que les yeux tournés vers le ciel salivent devant le défilé des têtes de biches insaisissables, les aventuriers s'apprêtent à mourir de soif et de faim. Une dernière fois, ils mâchent le cuir de leurs souliers et tout naturellement les désirs convergent vers Jean-Philippe intact, toujours là, gros, gras, appétissant de muscles et de chair, source évidente de protéines et de fer.

Mais ce genre de chose ne se fait pas. Eh oui. Évidemment. Bien sûr. Cela va de soi. Pourtant. Bon. Comment vous dire. Ce serait trop bête.

## *46. Le piège*

Kycash, désigné à la courte paille pour découper Jean-Philippe en six parties égales, va user de ses ongles à défaut d'un autre outil sous la main pour charcuter la viande. Trois visages d'hommes peinturlurés de jus de toucan macéré dans du lichen de noyer suppléent les museaux de biches dans le cercle de jour au-dessus d'eux en grognant. Ils sont encouragés à descendre au fond par une quarantaine d'autres rugissant, alignés à la surface, massés devant le piège sur deux rangées de vingt, commandés par un petit chef sec et nerveux, à la baguette facile et l'œil épisclérite, les cheveux dressés et noués sur la tête, le corps peint en rouge, une sarbacane autour du cou.

La capture s'opère dans le calme. L'ordre est maintenu. Les captifs affamés coopèrent (« tout sauf mourir au fond de ce trou », veulent-ils). Remontés puis suspendus par les poignets et les chevilles à une gaule de tornillo, laquelle, à l'horizontale, tenue fermement sur l'épaule par deux hommes de même taille postés aux deux extrémités, se tord mais ne casse pas (c'est là toute la qualité de ce bois d'arbre long), les prisonniers sont conduits le long d'un marais louche, saturé de mouches, déposé aux pieds scarifiés d'un autre chef sec et nerveux, à la baguette facile et l'œil episclérite, les cheveux dressés et noués sur la tête, le corps peint en rouge, semblable au premier à cette différence près que la baguette est en saule et les manières tout à fait sophocléennes. Au milieu d'une clairière d'humus noir frangée de ficus étrangleurs aux racines immenses, courant sur plus d'un hectare vers les arbres d'en face pour les étrangler et les transformer à leur tour en ficus étrangleurs – cette espèce d'arbre est celle qui se rapproche le plus de l'espèce des hommes –, s'espacent entre des palissades en palissandre les coquettes habitations d'acajou du camp. Quelques hévéas s'en sortent pas trop mal : un emplacement peu enviable au nord les préserve de la conquête endémique ; leur est extrait le latex à l'état sauvage pour fabriquer des gants de vaisselle mais pas encore de préservatifs apparemment, dont ils ne connaissent pas l'existence ou limitent l'usage si l'on en croit le nombre élevé d'enfants regroupés sous un eucalyptus dans les bras de femmes jeunes et moins jeunes, plus ou moins heureuses d'être mères si tôt et si tard.

Toutes les générations dévisagent les nouveaux venus d'un œil rond. La canne à sucre offre les plus grandes ressources à ce peuple de la terre, et le manioc. Ils en tirent toutes les vitamines pour demeurer en bonne santé tout au long de l'année. Les noix du Brésil agrémentent les repas et sont concassées puis râpées dans le menu du jour, comme à chaque midi : riz pilaf, saucisse grillée et ananas. De quoi vivre cent ans. Quand ils arrivent le feu de camp est déjà haut, chaud ; une marmite de trois cents litres y siège avec largesse. Les invités sont détachés de la perche et saucissonnés aussi sec sur une estrade en teck qui fait face au feu et à la foule, sous un ingénieux système de poulie en hauteur dont un rail coulissant, muni d'un crochet de boucher oxydé, permet d'amener n'importe quel corps de moins de soixante-dix kilos (c'est-à-dire tout le monde sauf Jean-Philippe) dans l'alignement de la marmite, avant d'y être plongé par l'abaissement d'un levier à empoigner. Sophie parvient à négocier sa libération et celle des porteurs en quelques mots. Elle laisse les autres dans l'embarras le plus total et, de la même manière qu'elle est arrivée dans ce livre prématurément, elle s'efface à jamais de l'histoire et de la vue de Hug-Gluq à un moment bien choisi pour elle, par une ouverture taillée dans un tronc, laissant à ce dernier le privilège de saisir une dernière fois, avant de mourir, comme elle montre quelques difficultés à se glisser dans le passage étroit et obscur qui la ramènera dans ses quartiers souterrains et mystérieux d'où elle continuera à veiller sur eux et au bon déroulement de l'aventure, la vision qui bouge et le rend fou de ce petit cul bien rond.

## *47. Jean-Philippe ressuscite*

La résurrection de Jean-Philippe n'a rien à voir avec le départ de Sophie ; force est de constater que les actions sont concomitantes : à peine Sophie a-t-elle quitté le village que Jean-Philippe, donc, ressuscite, se soulève, cherche un appui sur les bandelettes, s'avance à pas serrés vers le feu, la démarche contrariée par le liage de ses pieds et l'escalier inégal de l'estrade, l'équilibrage pipé par le ficelage de son corps et le poids du suaire recouvrant sa tête. Il reste immobile dans les flammes ; les linges se consument et Jean-Philippe apparaît tout beau, tout neuf, revigoré par son hibernation. Les cannibales sont très impressionnés, desserrent les mâchoires, ouvrent de grands yeux. L'ayant vu si bien emmailloté dans ses langes d'origine, ils n'avaient pas pris la peine de le ligoter à nouveau et l'avaient déposé sur un lit de paille en attendant que l'on y mît le feu. Il s'en était fallu de peu pour qu'ils le laissassent dans son trou où le sort l'avait jeté, jugeant l'effort à fournir pour le sortir de là disproportionné par rapport à ce qu'ils pourraient en tirer, entendu qu'un mort froid est toujours moins bon à manger qu'un mort venant à peine de mourir, même accompagné de riz, et que le meuble paraissait à vue de nez très lourd et très encombrant, sur ce point ils ne se trompaient pas. Mais c'est dans les vieux pots qu'on fait les meilleurs plats.

Jean-Philippe lévite au-dessus du feu et commence à se balader dans les airs en s'arrêtant sur la tête de différentes personnes, histoire de bien montrer qu'il vole parfaitement et avec précision, sans toutefois choisir son public, s'amusant à laisser le hasard et le sens du spectacle le guider. Bientôt la foule l'acclame, Jean-Philippe est le dieu qu'ils attendaient. Les prisonniers sont libérés, un raout est organisé sur-le-champ. Les troupes ont faim. Jean-Philippe remplace les saucisses par du poisson grillé, multiplie les pains, change l'eau en vin ; que les étrangers demandent tout ce qu'ils veulent, l'autorisation leur a été donnée, et dès le lendemain matin – la sagesse leur commande de laisser passer au moins une nuit avant de prononcer le nom de Païtiti –, après un petit déjeuner copieux au fromage artisanal criblé d'asticots vivants si toniques et si gros que le fromage, sous l'impulsion des vers se tortillant, posé sur un plat, a commencé à se déplacer, avant de faire tomber le plat et de continuer sa course par terre, Jean-Philippe met sur la table, à défaut du fromage, le sujet de la ville secrète gorgée d'or, enfouie depuis des siècles dans la forêt sans que personne ait jamais pu trouver l'emplacement, et qui doit pourtant bien être quelque part.

Grand Échalas est à ses côtés, près du siège en osier fabriqué sur mesure pour leur nouveau dieu géant qui y siège justement. Grand Échalas est le chef du clan et ne ressemble pas aux deux chefs épisclérites. Beaucoup plus doux, l'œil tendre, il est à l'écoute de son prochain : en voilà un dont la mère n'a pas dû manquer d'amour à son égard. À l'évocation du nom de la Cité Perdue, un éclat dans son œil se rajoute aux éclats déjà présents (Grand Échalas possède un regard très expressif, vif comme l'éclair, scintillant comme le port d'Alexandrie). D'un claquement de doigts il convoque à son chevet Fils du Soleil, lequel, après s'être rendu présentable en se recoiffant sommairement car ce n'est pas tous les jours qu'il est appelé à remplir ses fonctions de gardien de la montagne, sort du rang, claque des doigts à son tour pour signifier qu'il a compris le message et salue leur nouveau roi. Il les mène vers un cèdre américain, à la première branche duquel il monte en s'y tenant debout, le regard dirigé au loin, équilibrant parfaitement son corps sur l'appui pas plus large qu'une poutre de gymnastique et, d'une voix normale, à peine modifiée par l'exercice extraordinaire de l'invocation à une puissance agissante, ordonne à la montagne de se montrer. Le décor se met à coulisser, les cieux se déchirent et laissent apparaître un soleil bienfaiteur, large et seul sur un horizon vide, qu'une montagne en forme de pic étroit vient accompagner aussitôt en perçant l'écorce terrestre dont elle pousse le sommet vers le haut sans émettre un seul tremblement en surface ni de modification stratigraphique ; un anneau nuageux gris et plat est passé au doigt de son sommet ; sachant que la circonférence de ce nuage avoisine les deux cents mètres, vous calculerez approximativement la hauteur de la montagne *(réponse : mille mètres)*.

– Païtiti est juste là.

Fils du Soleil pointe son doigt vers la montagne sacrée.

– Derrière cette montagne.

Le soleil est au zénith et revigore les muscles, les esprits. L'aventure va pouvoir continuer.

– Nous sommes les seuls à pouvoir vous y conduire.

Fils du Soleil est remercié par Grand Échalas qui désigne Dragon d'Azur et Guerrier Sombre pour mener nos hommes vers le trésor. Fils du Soleil est le propriétaire du cèdre. Il ne doit s'en éloigner sous aucun prétexte.

## *48. Torturés vivants*

– Vous avez de la chance, confie Guerrier Sombre à Belalcazar d'une voix presque aussi rassurante que celle d'un moniteur de ski s'adressant à son élève en haut d'une piste bleue par un jour de brouillard givrant, tout en fixant sous ses pieds une semelle en plumes de bécasseau palmé grâce à un long nerf de bœuf tourné une fois et demie autour de la cheville et tombant sous le pied en deux bouts de longueurs égales avant de se rejoindre sur le dessus en un prompt et habile nœud à boucle simple.

– Y a pas mieux que Dragon d'Azur et moi pour passer cette foutue montagne.

Dragon d'Azur, assis sur un rondin à quelques centimètres de Guerrier Sombre, fait à peu près la même chose que son congénère, sur le pied opposé. Il ne dit rien, mâche une feuille d'arbre gomme. Guerrier Sombre est très gai, volubile – ne s'explique pas son nom. Tout en monologuant sur le temps qu'il fait, le temps qui passe, la fâcheuse habitude qu'ont certains de parler du temps qu'il fait pour ne pas parler du temps qui passe, il laisse voir la saillie de ses gros mollets ayant probablement déjà servi pour des activités telles que le vélo ou la randonnée (chaque sport possède son propre développement musculaire : un marathonien n'aura pas les mêmes mollets qu'un cycliste ou qu'un haltérophile). Dragon d'Azur, plus effacé de prime abord, n'en est pas moins présent ; il écoute très attentivement ce qui se passe : œil pointu, bouche verrouillée, son comportement peut laisser croire qu'il réfléchit en permanence alors qu'il n'est pas plus intelligent qu'un autre, c'est juste qu'il ne dit rien. Plus souple du bassin, aux gestes gracieux même dans la manière de nouer ses lacets, il semble être, à tout le moins, d'heureuse compagnie au lit : la pratique de l'escalade n'a plus de secrets pour lui et ce sport doux et terriblement physique, qui ne modifie pas l'apparence originelle du corps comme peut le faire le rugby ou la pratique du sumo mais travaille au contraire dans les coutures et les plis, lui a sculpté un corps sans graisse, aux muscles en relief, taillés dans la pierre à la façon des statues grecques ; goûtez-moi ces plaques abdominales en chocolat, vibrez sous l'élasticité des membres, profitez d'une résistance physique à grimper n'importe quoi – indubitablement, ce type-là a du ressort.

Le parcours sportif débute par huit cents marches de pierre concassée à monter, suivies d'une bonne centaine à descendre, friables comme le grès, plus mille encore à monter, espacées l'une de l'autre d'au moins trois pieds six pouces dans un couloir ajouré de talus herbeux auquel on s'appuie tant bien que mal, si haut que la vue ne porte pas, abritant en ses flancs creux des colonies de guêpes vicieuses au dard fatal : Hug-Gluq est piqué au doigt. Une allergie se déclare : aveuglé, il s'évanouit et reprend la route une heure plus tard, le buste droit et le nez fier derrière Guerrier Sombre qui prend la tête du groupe et le félicite pour sa bravoure, talonné par Belalcazar plus en forme que jamais maintenant qu'ils touchent au but, et par Fontaine, qui ne trébuchera pas, n'aura besoin de l'aide de personne, il faudrait le dire à Dragon d'Azur qui se croit obligé de la coller sous prétexte que c'est une femme et qu'elle va forcément se tordre une cheville.

Délestés de Jean-Philippe, les randonneurs se sentent libres. Croyant en l'avènement de son règne, celui-là aura choisi de rester parmi les siens dans le clan des mangeurs d'hommes où il espère bien faire régner la paix et de nouvelles habitudes alimentaires. Il y parviendra, grossira toujours plus, connaîtra dix ans de bonheur avant de mourir pour de bon et de laisser sur son trône l'aîné des deux fils qu'il aura eus de deux mariages arrangés, Jean-Philippe II, auquel succéderont Jean-Philippe III, Jean-Philippe IV, Jean-Philippe V, Jean-Philippe VI, jusqu'à Jean-Philippe XII – lignée de rois pacifiques et bons. Avant leur départ, il a distribué à ses anciens coéquipiers ce qui restait du fromage vermoulu ; chaque homme en a reçu quinze centimètres cubes.

Une côte abrupte recouverte d'herbe glissante prend naissance en haut de l'escalier et fait suite en montant à ce qui aurait dû être le prolongement de l'escalier si les travaux n'avaient pas été interrompus ; ils évoluent à quatre pattes sur cinq cents mètres jusqu'à un replat ; les genoux s'ouvrent contre les cailloux, les doigts s'agrippent à la végétation, les ongles se plantent dans la terre pour ne pas tomber ; pourquoi n'y a-t-il jamais d'escalier quand il faut ?

Tout autour la vue s'ouvre de nouveau, les véritables contours de la région apparaissent : la montagne refait surface, accompagnée d'autres montagnes similaires, proches, moins hautes et moins impressionnantes, aux cols ronds et à la robe droite qui tombe sur les tourbières et les vallées encaissées, entre les cours d'eau louvoyant sous le soleil vers un lac flamboyant, doré par les rayons, rappel d'une légende selon laquelle un lac des environs aurait servi à cacher des trésors. Le panorama valait le coup d'œil : tout en détaillant de gauche et de droite le joli paysage que voilà, ils marchent sur la crête d'un col rocailleux, et la difficulté se corse au moment de suivre une vire pas moins étroite ni instable qu'une gouttière, fixée au bord d'un précipice, dos à la falaise, talon collé au rocher, pointe des pieds dans le vide. Un tunnel les jette de l'autre côté d'un relief, où un maquis de bambous épineux les guette, avec des épines tranchantes comme des lames de rasoir, dressé au cœur d'un labyrinthe de pierres grandes comme des menhirs où l'écho meurt, où la plus grande attention est portée à surtout ne pas se diviser, à rester groupés – l'issue du labyrinthe est trouvée au terme de cinq heures de recherche pointue. Ils passent sous un volcan avant de marcher à son pied. Le volcan était en éruption il y a peu ; des parcelles encore molles de lave pas tout à fait sèche bouillonnent dans les coins ; des éboulis récents de pierres grosses comme des ballons menacent de se dissoudre pour continuer leur course d'un instant à l'autre, ne traînons pas. Tout d'un coup le sol se met à trembler et une pluie de cendres s'abat. Plongés dans le noir, ils interrompent leur progression, ne la reprennent qu'une heure plus tard, arrivent sur le domaine du plateau du Museau, rejoignent la pointe des Poulains par un raccourci puis gagnent sans trop de difficultés le promontoire du Reptile. Survient alors la partie la plus éprouvante de l'expédition : l'ascension, en libre et sans assistance, de la face nord du pic de la Dent, alternance de granit vertical et de roche métamorphique, aussi mythique qu'une paroi du Yosemite.

## *49. De l'inconsistance de la base et du sommet*

Guerrier Sombre extirpe les baudriers du sac, rappelle au passage qu'en escalade le b.a.-ba est de connaître les nœuds, le mousquetonnage et l'assurage ; Dragon d'Azur déroule une corde de quatre-vingt-dix mètres en fibre tressée d'écorce de noix de coco ; il commence à grimper, lent comme un serpent, aussi sûr qu'un aigle fonçant sur sa proie, torse nu, sans chaussures, cheveux au vent ; le gros orteil du pouce furète la moindre aspérité pour s'y nicher et dire à l'autre pied de rappliquer sur une prise en réglette que les doigts n'auraient pas vue, préférant une plate plus grosse mais terriblement usante pour les muscles de l'avant-bras ; et le petit corps fin, mine de rien, s'en va sur une dalle lisse à l'aplomb de la vallée des Dames, monte, prend sa place dans le silence du vide qui retient son souffle, devient de plus en plus court, petit, parfois vient une bise mais il en faut plus pour déconcentrer le grimpeur tordu entre deux lignes de faille, jambes à huit heures, épaules à quatorze, short court sur la taille et bandeau rouge au front braqué vers le sommet, prenant le soleil, qui chauffe, mais le bandeau protège un peu, retient l'avalanche des mèches, c'est surtout dans le dos que ça cogne, sur le relief palpitant des petites boules de muscles en totale décontraction-contraction successives, jusqu'à un surplomb glissant qu'il passe allègrement d'une traction du biceps droit, grand écart tête en bas et hop là. L'athlète se vache au relais à l'aide d'une longe dont les performances dynamiques sont bien supérieures à un anneau de sangle traditionnel, et assure le reste de l'équipe à la moulinette.

La verticalité se prononce, le plan s'incline, le vide devient entêtant, c'est difficile de l'oublier, de penser à autre chose. On évolue en relais sur trois ou quatre cents mètres dans une cheminée, puis on marche le long d'une crevasse sur l'épaule d'un toit d'où la voie express vers le sommet part en rappel pendulaire ; l'escalade se poursuit sur un dièdre, cette fois-ci en devers, et là le niveau est élevé, la voie est longue, les prises sont aussi rares que sur un mur en crépi. Guerrier Sombre, plus trapu et plus lourd que son associé, bien que d'honorable niveau (6c à vue), s'épuise rapidement. Il va falloir passer la nuit et bivouaquer dans la face. Un loft d'altitude est noué à deux cents mètres de haut, en plein cœur de la roche, sans se tromper s'il vous plaît dans les nœuds des cordes à défaire et des cordes à ne surtout pas défaire – un des nœuds s'obstine à ne pas vouloir s'enlever : c'est, au milieu de tout ce vide, celui qui serre la gorge et vrille le ventre de trouille.

Abrités sous une toile de tente en nylon spécialement conçue pour être pratique en falaise, c'est-à-dire d'une difficulté d'installation la plus réduite possible, ils dormiront debout, glissés dans un duvet pendu à une corde à linge ; pour l'instant ils mangent les racines d'une plante qui pousse dans la paroi, font du thé brûlant aussi consciencieusement que s'ils étaient à la terrasse d'un bar, boivent dans des cannes de bambou après en avoir transpercé les nœuds pour y verser de l'eau par un petit trou qu'ils bouchent avec de la poix.

L'horizontalité du plancher des vaches est de retour le lendemain à midi heure du soleil, sur un chemin vicinal fleuri, très doux aux yeux et à la plante des pieds, où nos rochassiers, qui ont les doigts meurtris, sont heureux de n'avoir à se servir que de leurs jambes pour avancer, et finissent par tomber nez à nez avec un large cours d'eau grondant et sautillant dans une gorge, où la baignade est interdite à cause de la force du bain bouillonnant et du caractère ébouriffant de la cascade hurlant à une lieue en aval, vers quoi le sens du courant les mènerait inexorablement si d'aventure ils s'y baignaient, car ils aimeraient bien, comme l'indique un panneau triangulaire jaune au centre duquel nage en noir un bonhomme barré, et le texte court d'une légende signalant du même coup qu'une tyrolienne permet ordinairement de joindre les deux rives, sauf hors saison – un pont suspendu assure un service minimum cent mètres plus bas, au-dessus de la cascade. Ils se rendent au pont.

Un gardien glissé à l'intérieur d'un tronc d'arbre évidé leur donne l'autorisation d'accès à ce pont que son collègue, camouflé sous un champignon géant, formalise par un reçu daté et signé. Les câbles en broutille de sycomore soutiennent le pont, évalué pour sa longueur à une soixantaine de mètres à raison de deux planches en contreplaqué par mètre, non reliées, simplement posées et rongées par les termites. Le souffle de la cascade qui remonte de la zone d'impact inflige au pont un roulis considérable ; l'édifice grince, se balance dangereusement. Belalcazar a envie de vomir. Il est au milieu du pont quand son malaise le submerge et qu'il s'effondre sans avoir vomi, ce qui est très dangereux car il pourrait vomir sur lui-même et s'étouffer. En essayant de le retenir, Hug-Gluq bascule par-dessus bord et tombe dans la cascade après avoir pu coincer le poignet de son capitaine dans la fissure d'une planche du pont pour le sauver de la chute. Les câbles cèdent, le pont se scinde en deux. Fontaine part avec la seconde moitié et se retrouve sur la rive opposée en compagnie de Guerrier Sombre et de Belalcazar inerte. Sous le choc de l'impact, elle s'évanouit. Belalcazar et Fontaine sont étendus l'un à côté de l'autre, inconscients. Guerrier Sombre, qui s'en est bien tiré, place le bras de Belalcazar sur la poitrine de Fontaine afin qu'ils ressemblent à deux amants endormis. Puis il se jette à l'eau pour secourir Hug-Gluq.

# QUATRIÈME PARTIE

# *Païtiti*

## *50.*

Le coup a été rude: quand Belalcazar et Fontaine se réveillent, ils sont serrés dans des draps de lit doux et propres, vêtus d'amples chemises qui recouvrent leurs corps nus, entourés d'infirmières attentives et bienveillantes dans des blouses blanches sans rien dessous. Un goutte-à-goutte tombe d'une poche transparente suspendue au-dessus du bras gauche de chacun des malades et rejoint la veine de l'avant-bras par l'intermédiaire d'un tuyau transparent; le nectar, composé d'une purée de quinze fruits concentrés, est à teneur garantie en dix vitamines et sans sucres ajoutés. Belalcazar verserait bien un peu de lait pour faire passer l'acidité, il devine sous la blouse des blondes et des brunes la rondeur de leurs fruits car c'est toujours comme ça avec les infirmières, c'est toujours à cela que l'on pense, et il se dit que plutôt que de supporter l'artifice de l'intraveineuse il aurait préféré boire directement au sein. Le ciel est dégagé et bleu, quelques nuages avancent, épars, en forme de petits cailloux ronds, et de chaque côté du lit s'étendent des collines à perte de vue, bosselées, échevelées de végétation ou sans végétation du tout, lisses comme le crâne d'un chauve, entrecoupées de creux, de vals, démultipliées à l'infini par d'autres collines, des prairies vertes et des bêtes sur l'herbe, des bêtes que nos protagonistes seraient bien en mal de reconnaître, des bêtes au cou penché sur l'herbe, moutons peut-être, vaches, chevaux, qui sait. Tout cela est trop loin. On se trouve vraisemblablement sur un chemin de campagne. Belalcazar, dont la tête repose sur un oreiller épais qui lui permet de prendre un peu de hauteur sur son environnement, comprend alors que Fontaine et lui sont dans un lit qui avance, le lit étant sur autre chose qui avance aussi, et en se levant plus haut sur ses coudes il comprend qu'il est dans un petit train sans toit, composé de wagonnets à quatre places roulant sur des rails sans bruit, c'est étrange d'ailleurs qu'il n'y ait pas de bruit, peut-être qu'en définitive le train roule sur des pneus, librement, comme ces voiturettes utilisées pour la pratique du golf ou les trains de visite touristique dans les villes (il apprendra plus tard que le véhicule fonctionne à l'énergie solaire et avance effectivement sur des rails).

Le train comporte une demi-douzaine de wagonnets, tous vides à part le leur, aménagé spécialement pour accueillir deux lits et l'espace nécessaire à la dispense des soins. Les infirmières insistent pour qu'il se recouche, elles lui tapotent la main, donnent quelques baffes. Fontaine est à sa droite, elle lui sourit. Du temps a passé depuis la chute du pont, du temps et des kilomètres, on ne pourrait pas dire pourquoi ni combien mais on le sait, ils ont un peu vieilli, les cheveux de Fontaine sont blancs, ceux de Belalcazar ont poussé, sa barbe est plus épaisse, tout cela ne le dérange pas, il trouve même que Fontaine est belle. Il se sent bien. Il se demande si les fruits ne sont pas un peu drogués, gâtés.

Après encore une bonne heure de voyage et de réveil doux, les voyageurs arrivent en gare, une petite gare avec un petit quai qui n'est pas un quai, juste un accotement, comme si la gare venait d'apparaître, d'être construite à l'instant, et là les infirmières leur proposent de se lever, de faire quelques pas pour voir si, de se donner la main. Ils y arrivent. Ils marchent le long du quai et reviennent. Les infirmières se consultent, se jettent entre elles des petits signes entendus, disent que c'est bon, et à ce moment-là elles donnent au couple l'autorisation de passer par la porte du fond, à l'autre bout du quai, après avoir recommandé de se ménager pour la suite. Derrière la porte, un couloir peint en vert décoré d'un assortiment bégonias / géraniums en pots les invite à monter trois marches puis à en descendre trois suivantes pour arriver à un seuil spacieux, carrelage blanc au sol, murs clairs, pièce nue baignée de jour doré, protégée de la lumière directe du soleil grâce à une véranda propre et bien conçue, construite autour d'un bonsaï seul à plusieurs troncs, ouvrant sur l'extérieur au moyen d'une porte-fenêtre coulissante, entrebâillée, au rez-de-chaussée d'un jardin non clôturé qui, après avoir été traversé en suivant la disposition des galets au sol, débouche sur un chemin de terre rouge ; ils n'ont qu'à se faufiler pour passer.

# 51.

Fontaine et Belalcazar marchent sur la terre rouge du chemin propre et plat ; un vent tiède, léger, soulève la poussière qui se dépose au bas de leurs longues chemises blanches, et à les voir ainsi marcher en se donnant la main dans des vêtements qui ressemblent à des draps immaculés, tachés de pourpre aux franges, on dirait des fantômes aux pieds ensanglantés.

Le chemin est situé en périphérie d'une ville que l'on aperçoit dans le lointain, il mène à son cœur. Belalcazar se doute bien qu'il a atteint son but. Il est encore un peu assommé mais possède toute sa tête et cette marche lui fait le plus grand bien. Pareil pour Fontaine. On dirait d'ailleurs qu'ils fonctionnent ensemble, l'un prodiguant sa force à l'autre quand l'autre en a moins et inversement. Fontaine lui a repris la main, elle a glissé ses doigts dans la paume du capitaine dès qu'ils ont commencé à marcher sur le chemin agréable, elle l'a fait naturellement, sans hésiter, sentant que le voyage arrivant à son terme, le but enfin si proche, toutes ces réjouissances allaient mettre Belalcazar dans d'excellentes dispositions : c'était maintenant ou jamais le moment de foncer, or s'il y a bien une chose à quoi Belalcazar n'entend rien c'est l'amour, même maintenant : il ne dit mot, marche, sa main fermée sur la sienne comme elle aurait pu se fermer sur autre chose ; il est ému, Fontaine le sait, Fontaine le sent, le contact a fait son petit effet – l'homme veut seulement ne pas le montrer, pense-t-elle.

Le chemin est visiblement bien entretenu et cela plaît beaucoup à Belalcazar dont la vie n'aura aspiré qu'à une chose : marcher sur un chemin de terre propre et plat, comme si le bonheur consistait simplement a se déplacer dans l'harmonie et la propreté vers un lieu choisi et attendu. C'est effectivement le cas de ce chemin sans faille, gâté par la nature et l'ensoleillement plein sud, au moins large comme deux terrains de tennis, bordé d'arbres verts de taille moyenne et de buissons à fleurs blanches qui ne dépassent pas, font gentiment ce qu'on leur dit de faire, tu ne pousseras pas par ci, tu ne croîtras pas par là, il y a juste un peu de vent dans les feuilles mais ce n'est pas désagréable, c'est même appréciable, de toute façon la terre – qui ressemble à s'y méprendre à de la terre battue – est bien tassée, elle ne vole pas, des agents d'entretien l'humidifient deux fois par jour avant de la passer au filet. L'immobilité absolue aurait eu quelque chose d'angoissant dans ce lieu déjà inattendu, dont la flagrante perfection de l'organisation spatiale saurait crisper le plus maniaque ; la tiédeur du souffle invite à la paresse, offre à découvrir l'endroit illico sans plus de contrainte qu'un touriste en vacances déchargé de responsabilités, et de vacances ils en ont besoin, ils sont flapis, il faudra pourtant bien trouver encore de la force pour s'emparer du trésor.

Ils marchent ainsi un bon kilomètre au milieu des chants d'oiseaux sans rencontrer personne ni trouver la moindre trace d'or. L'après-midi touche à sa fin, l'air est encore chaud et le soleil entame sa descente, plaquant au sol l'ombre déjà grande du couple en mouvement.

Les premiers habitants apparaissent, les premières rues, les premières habitations, et à un bâtiment bas portant en grosses lettres dorées l'inscription OFFICE DE TOURISME prolongée d'une enseigne qui reprend le dessin et la forme d'une flûte de Pan en beaucoup plus grand, ils entrent. Le tintement d'une clochette à l'ouverture de la porte fait se lever pour les baisser aussitôt les yeux d'une personne de sexe féminin assise derrière un comptoir qui lui arrive au niveau du cou et où l'on peut lire, écrit au feutre en lettres capitales sur une feuille pliée dans la longueur et posée sur ses deux côtés devant le guichet, BIENVENUS À PAÏTITI.

Affiliée à des tâches administratives et d'âge mûr, absorbée dans un travail consistant à classer des documents dans différentes chemises en carton, certains n'allant pas dans certaines, la femme indique au couple de bien vouloir patienter le temps qu'elle termine et soit à eux puis, s'étant replongée dans son travail – qu'elle n'a jamais cessé, seuls les yeux l'ont quitté une seconde –, elle propose aux nouveaux arrivés qu'ils se servent du café au distributeur, qu'ils s'assoient dans le canapé ou qu'ils parcourent les dépliants touristiques rangés sur les portants mobiles, ouvrant par là même la perspective d'un temps d'attente relativement long avant que leur tour ne vienne d'être contentés, au terme duquel Belalcazar aura eu malgré tout le loisir, pour vous donner un ordre d'idée, de prendre un café tranquillement dans son coin, de contempler la pièce sans en rien retenir de marquant hors ce puits de lumière bien pensé mais d'ouverture insuffisante à son goût, de le boire après avoir proposé à Fontaine de lui en servir un d'abord, ce qu'elle a décliné poliment, de réaliser que ça faisait un bout de temps qu'il n'en avait pas bu, de reprendre des couleurs et un peu de café, de commencer à s'impatienter, de s'approcher du guichet pour jeter son gobelet dans une poubelle et formuler sa requête sans trop savoir au juste quoi demander ni comment se présenter, confusion que la femme lui épargne de prolonger en terminant son travail à cet instant, elle met ses chemises de côté d'un geste volontaire, clairement agacé, et, refusant une bonne fois pour toutes de lever les yeux vers eux – c'est pénible à la fin –, leur propose deux types de formulaires, un jaune pour les départs, un bleu pour les arrivées, ce sera donc le bleu, et deux autres encore, un rouge, un vert, qu'elle pose l'un à côté de l'autre sur le comptoir, le rouge pour la première visite, le vert pour la deuxième et suivantes, lesquels intéressés prennent le rouge dont ils noircissent les blancs, cochent les cases, remettent leur copie à la femme qui la lit, rectifie quelque chose et leur demande de signer et de dater avant de la tamponner puis de la ranger soigneusement dans un tiroir sous son bureau d'où elle tire du même geste un plan de la ville orienté dans leur sens de lecture, de sorte qu'ils puissent suivre en temps réel les lieux importants à visiter qu'elle cite et indique de la pointe de son stylo, le marché, les ateliers de tissage, le vieux quartier, quelques bonnes adresses de table, expositions temporaires, musées, marchands de souvenirs, le séjour devant s'interrompre dimanche, aujourd'hui nous sommes vendredi et donc en attendant ils ont toute la journée de samedi pour profiter de la ville, visiter le coin et s'emparer du trésor, cela devrait suffire, elle propose de mettre à leur disposition un guide qui facilitera le séjour, l'or se trouve au temple, malheureusement la distribution est finie pour aujourd'hui, vous patienterez jusqu'à demain, elle a lieu tous les matins sans rendez-vous, dimanche compris, et le samedi après-midi jusqu'à dix-neuf heures (journée continue).

Le moins que l'on puisse dire est que la propreté de la rue, à l'image du chemin par lequel ils sont arrivés, est irréprochable. On les a informés que le bureau allait fermer, ils seraient donc gentils d'attendre le guide dehors, il ne va plus tarder. De là où ils sont, sur le perron de l'office du tourisme qui surplombe le plancher des vaches de trois marches, ils observent ce qu'ils n'ont pas eu le temps d'observer jusqu'à maintenant : les habitants, la rue, un peu de la ville en perspective.

L'hygiène semble prioritaire. Les agents d'entretien, non contents de s'occuper déjà des chemins rouges qui entourent la cité, passent scrupuleusement le balai sur le pavé des chaussées intérieures pour réunir la crasse avant de l'asperger à grandes verses de seau qui poussent les immondices dans la rigole centrale d'où elle part en toboggan vers un tout-à-l'égout lointain. L'exercice est répété deux fois par jour, le matin et en fin d'après-midi. Les citoyens eux-mêmes se plaisent à ne rien laisser traîner qui viendrait contrarier le bon équilibre entre les hommes, la ville et la nature.

Le résultat se remarque: bonne odeur générale, les choses sont à leur place; sensation de tranquillité. Tout ou presque ici est divinisé. Le sable rouge est considéré comme la plus haute divinité: chaque grain renfermerait un esprit bienveillant. Mélangé à la terre, il donne au sol cette teinte rouge presque écarlate qui fait dire aux plus superstitieux que le soleil pourrait en être jaloux et décider un jour de ne plus briller – les gens ont une trouille bleue que le soleil ne s'éteigne. Il y a donc deux types de revêtements à fouler pour les piétons: pierre ou terre. La terre est plus précieuse que la pierre, des passages en sont entièrement recouverts jusqu'au centre de la ville, dans le quartier royal. Les passants désireux de passer sont alors invités à bien vouloir se déchausser, par respect pour les dieux enfermés dans les grains et par facilité d'entretien pour les agents (qui sont obligés d'aller nettoyer à la brosse les traces de semelles laissées un peu partout dans les rues). Les habitants sont d'une propreté égale à leurs rues. Morphologiquement bien avantagés, grands, minces, aux traits marqués et aux pieds fins, ils sont vêtus d'élégantes tenues qui attestent d'un niveau de vie aisé, à tout le moins dans ce quartier-là; non que les habits laissent voir un quelconque signe de richesse, bien au contraire, la simplicité du costume est évidente, un rien le compose: l'élégance est dans le port, le maintien, il y a sous les draps une profondeur d'âme que l'argent, l'enrichissement personnel et la vilenie ne semblent pas atteindre : comme nos voyageurs l'apprendront plus tard, la population reçoit un salaire égal, on évite ainsi les jalousies et les convoitises. Chacun est maître de le dépenser comme il veut, et le plus souvent la consommation s'attache à des produits de première nécessité. L'or qu'ils vont chercher librement et à volonté au temple ne constitue pas pour eux un élément de richesse, ils l'utilisent pour la décoration et l'engrais des plantes, sans plus de coquetterie que s'il se fût agi de sable, de terre ou de papier peint. Les hommes, plus grands que les femmes mais moins nombreux, portent des tuniques sans manches, cousues sur mesure et avec soin ; elles tombent parfaitement et donnent du style à un habit qui pourrait ne pas en avoir. Une large ceinture brodée entoure la taille, parfois un bandeau frangé de laine rouge est passé dans les cheveux sans plus de signification que l'envie de plaire. Les femmes s'enveloppent dans une grande pièce de coton maintenue au nombril par une longue épingle en épine de cactus et enfilent un rectangle de laine en alpaga si elles ont froid – les nuits sont fraîches. Châles et coiffes ombragent leur regard ; les plus belles sont celles qui ont les cheveux lâchés. Que ce soit pour les hommes ou pour les femmes, la tendance est au clair, au sobre : blanc, voire jaune passé. Nos visiteurs sont dans le ton.

## 52.

Géo avait des courses à faire en ville, il arrive par une rue adjacente, moins encombrée, moins empruntée. Âgé d'une vingtaine d'années, étudiant l'architecture précolombienne dans une école prestigieuse du nord de la ville, spécialiste des structures en pierre de style pirca, il subvient à ses besoins quotidiens en effectuant des petits boulots, par exemple guide. Il reconnaît ses clients du week-end à leur allure : couleur de peau plus claire, garde-robe hospitalière. Sa pensée va immédiatement au marché, passage obligatoire avant ce soir pour les vêtir décemment.

Le sens de l'à-propos, il l'a. Le sens de la communication aussi. C'est un jeune homme bien vu, aimé de tous, sans histoires (mais les gens sans histoires finissent souvent mal). Il habite depuis un mois une piaule indépendante de la maison familiale. Il fait ses courses lui-même, il met la décoration qu'il veut. Le matin il dort autant qu'il veut, le soir il se couche à l'heure qu'il veut. Il a même une bouteille de rhum coco sous son lit. Il trouve ça cool. Là, il est allé acheter un abat-jour super tendance dans une boutique art et déco, il pense franchement que ça va en jeter grave dans la pièce. Il porte l'objet sous son bras, logé dans un sac en feuille de papyrus résistant. Il kiffe sa race. Il voudrait que tous les gens du monde se tiennent par la main. Son projet de diplôme porte sur la construction d'un bâtiment circulaire à ciel ouvert spécialement conçu pour recevoir tous les habitants de Païtiti qui voudraient danser en rond ; possibilité pour ceux qui souhaitent danser nus de le faire en toute impunité grâce à l'intimité que préserve la conception de fenêtres en hauteur. Le bâtiment aura la forme d'un nuage, comme une offrande aux dieux : protection garantie à vie. J'allie l'utile à l'agréable. Bonne idée, non ? Il a posé sa main sur l'épaule de Belalcazar : on va pas s'ennuyer, c'est moi qui vous le dis. J'ai plein de choses à vous montrer. Je connais la ville et ceux qui l'habitent comme ma poche.

Ils se sont assis sur un tabouret de bar après avoir emprunté une voie de pierres plates étroite en échangeant les premiers mots, quelques escaliers en échangeant les suivants, tourné à droite devant la boutique d'un tanneur, pris la perpendiculaire de la rue du Vieux-Mage en remontant toute une série de ruelles sympas et nous y voilà : Chez Aldo, resto-minute servant sous le cockpit d'une vitrine réfrigérée des sandwiches et des boissons fraîches à toute heure, en terrasse s'il vous plaît.

– Bientôt, continue-t-il en s'adressant à Belalcazar, tu vas kiffer ta race toi aussi et tu ne pourras plus dire que ton souhait le plus cher eût été que je kiffasse ma race avec toi car tu auras kiffé, tu kiffes même déjà, moi-même je kiffe en disant que tu kifferas, c'est trop kiffant comme verbe, kiffer.

Bon appétit.

Ont été commandés : trois jus de goyave, une galette de maïs transgénique et son assiette de poivrons verts, du lama rôti, un milk-shake à la coca avec paille pour les jus et pas de couteau pour le reste. Tu manges avec tes doigts. Fontaine a désiré de la salade, on lui a pris une assiette de saison sans sauce et beaucoup de tout. Le couple passe aux toilettes, se lave les mains – oh que le savon fait du bien après ce long voyage –, en attendant Géo griffonne des contreforts sur un carnet à dessins, des meurtrières, des remparts, des bastions et des parapets, quelques tourelles. C'est un passionné. Il plaque sur le papier tout ce qu'il voit (les formes en question, à ce moment-là, il les voit dans sa tête : il imagine un château fort superpuissant pour se défendre du monde extérieur et vivre en paix avec soi-même). Il a coincé son sac en feuille sous ses jambes, entre les pieds du tabouret. Un chien vient le renifler. Il craint que quelqu'un ne marche dessus. Le couple revient. C'est servi. On dîne. Le patron du croque-minute (Aldo) parle avec Géo. Il porte une blouse qui sent la frite et sur son épaule gauche un torchon pour essuyer le comptoir. Sa moustache est fusaïoléidale. Géo parle avec Aldo – les deux se connaissent, ont l'air de bien s'entendre : Géo a travaillé pour lui pendant tout un été, à la plonge et au service. Aldo finit par dire que s'ils veulent passer par le marché avant de rentrer à l'hôtel (Géo lui a touché deux mots sur le programme de la fin de journée) c'est tout de suite qu'ils doivent y aller car, vu l'heure (il regarde le soleil : presque dix-neuf heures), les marchands ne sont pas loin de remballer. En plus ça tombe bien, c'est sur le chemin de l'hôtel.

Belalcazar se dégote une chemisette fauve à col rond, manche pagode et poche raglan, aux extraits de fleurs et pigments de cochenille pour la couleur, un short à sa taille et des sandales neuves. La chemisette, en laine douce de vigogne (plus noble que l'alpaga), est un peu large mais les sandales idéales. D'un geste commercial le vendeur, dissimulé sous des suspensions de serviettes de bain décorées de chatons jouant avec le fil d'une pelote de laine d'où il voit sans être vu, choisit ses proies, fonce sur le client, lui propose une chasuble à bas prix pouvant servir de pull pour le soir, qu'il accepte. Fontaine s'habille pour la même somme à un étal voisin, craque pour un sac à main pratique mais fragile en forme de coq, deux lots de T-shirts Lacoste, une ceinture et un drap de lit offerts pour le prix, et tous les deux rejoignent l'hôtel accompagnés de Géo, qui n'a cessé de commenter le moindre détail pendant toute la traversée du marché – sur sa proposition d'atteindre directement la tente des habits en contournant le marché par la place Juan-Carlos, Fontaine et Belalcazar ont réagi par la négative, curieux de se perdre dans les allées colorées parmi les tas instables de bananes, les alignements d'avocats mûrs, les compositions savantes de haricots, de thé, de piments et d'épices, les turgescences de maïs blanc, jaune, violet, le velouté des patates douces, le séchage des peaux, des herbes, pardon monsieur, madame j'aimerais passer, comme tout est posé par terre sur des tapis de nattes gardés par des femmes, c'est difficile de se frayer un chemin sans casse, le large choix des armes à lame d'obsidienne qui attirent surtout les hommes, les haches de cuivre, les marteaux en pierre, les canoës de plaisance en roseau authentique, le bric-à-brac des outils et matériel de jardin, pots, sécateurs, matériaux de construction, tuyaux de plume de condor, céramiques, vases, les pieds dans le plat, jarres, écuelles (l'air de rien nous nous acheminons vers le rayon cuisine), bols, amphores, récipients d'or, braseros, le joli bordel de l'animalerie (cochons d'Inde grillés, vers comestibles vivants, oiseaux en cage, bœuf en gelée, serpents, moutons, odeurs) pour finir par les éléphants en carton, les chouettes porte-clés, un service de couteaux en bronze, une aquarelle des Andes, un lot de lunettes de soleil moitié prix. Mais l'heure passe, le soleil décline et l'hôtel va fermer. On loue un lion.

Se tenir sur un lion n'est pas plus impressionnant que de se tenir sur un poney sans selle – oublier que c'est un lion, toute la difficulté est là. Le transport est rapide et la course peu chère. Comme l'hôtel de Saturne est complet, va pour celui du Condor, moins étoilé mais eau chaude à tous les étages. Devant l'absence de personnel à la réception, Géo tire le cordon d'une cloche suspendue au-dessus du bureau de l'accueil. Une troupe de cinq musiciens descend alors de l'escalier menant aux chambres et commence à investir les premières marches. Ils jouent un air populaire local de bienvenue. Le réceptionniste, réveillé en pleine sieste (il dort par fractions de sommeil), a surgi d'une arrière-salle entre-temps, moins alarmé par la cloche que par l'orchestre, et trois minutes vingt plus tard, quand le silence revient et qu'on s'entend enfin, donne les clés de la chambre vingt et un, chambre double avec lits séparés, sur cour, lumineuse, deuxième étage – c'est tout ce qui nous restera.

Mené par Diego au chant, le groupe, qui explore depuis dix ans le répertoire de la musique traditionnelle des Andes, se compose de Ramoutcho (quena, flûte à bec, guitare), Manu (tambourin, cymbales, conche, chœur), Fil à Plomb (mandoline, charango, maracas, cloche) et Poncho (syrinx, flûte de Pan, sifflet, chœur). Il arrive que Diego s'accompagne d'un glockenspiel et d'une harpe.

La présentation se prolongerait volontiers si la collecte d'or du lendemain ne risquait pas d'être épuisante, et il est déjà tard. Désolé les gars, c'est pas faute de vouloir. Merci pour la musique.

# 53.

La salle du trésor est vitrée de telle façon que la lumière venant de l'extérieur est jaune à l'intérieur, d'un jaune plus foncé que le jaune du soleil, plus brillant que l'or, d'un jaune chaud, aux vertus bienfaitrices, qui ne dessèche pas la peau ni ne détériore la rétine, d'un jaune qui a coulé sous les ponts, faisant dire aux usagers que le soleil lui-même se trouve à l'intérieur de la salle du trésor et donne à l'or cette teinte particulière qu'on lui connaît, quand d'autres crient à l'inverse, c'est l'or à l'intérieur de la salle qui donne à la lumière cette teinte particulière. Le procédé est pourtant simple : soufflé, découpé puis plongé dans un bain d'eau gazéifiée, le verre, dont la surface ici présente perce une longueur de mur depuis la plinthe jusqu'au plafond, capte l'intensité du jour de n'importe quelle saison pour la redistribuer plus doucement que le soleil, plus crûment que ce que l'on attendrait de la brillance naturelle de l'or – quoiqu'il en existe du mat –, si bien que le visiteur bénéficie des avantages régénérateurs de la lumière en même temps que sa santé est protégée des mauvais rayons du soleil, car il en existe.

L'éblouissement constant selon qu'il pleuve ou qu'il vente fait de la salle du trésor un lieu où il fait bon se perdre dans les allées aérées, le long d'étagères métalliques solides et bien portantes, hautes comme un homme bras levés où dort l'or par lingots de dix empilés sur des planches et par coupures de cent à chaque pan, ce qui nous fait tout de suite une petite somme rondelette au centimètre carré, mais il y a aussi de l'or en plaques qui s'empile plus facilement, prend moins de place que ces lingots mal pensés dont la forme rappelle une boîte de chocolat individuelle et qu'on ne sait jamais trop comment faire tenir les uns sur les autres – le lingot tend de plus en plus à prendre l'allure d'une boîte de sardines beaucoup plus pratique, de même contenance, l'or y est seulement plus serré –, et pour les plus paresseux de l'or en pièces ou en poudre dans des corbeilles situées en tête de gondole avec, plongée dans la matière jusqu'au manche, une pelle de confiseur pour se servir. Que ce soit l'or en corbeille ou l'or en étagère, le principe est immuable : on avance sa main, on avance son sac et par ici la fortune ; la prise s'opère en toute légalité, aux yeux et au su de tous. Tu prends le temps qu'il te faut. Tu agis à visage découvert. Si tu veux une brouette on t'apporte une brouette et tu remplis ta brouette, si tu souhaites une charrette pour mettre ta brouette ou plusieurs brouettes pas de problème, on te fournit la charrette et même les brouettes supplémentaires. Des hôtesses d'accueil souriantes dirigent les visiteurs vers les différentes espèces d'or en présentation, elles encouragent la surconsommation : de l'or en barre, de l'or nature (choix de pépites et d'alluvions fluviaux), de l'or pour peinture, de l'or d'enluminure, de l'or pour chaussures, de l'or en veux-tu en voilà, liquide, solide, en miettes, en sachets, tu décores ta chambre avec, tu repeins ta salle de bains – tu fais ce qui te chante avec ton or. Ça se passe comme ça dans la salle du trésor.

Belalcazar aurait bien traîné davantage au lit. Le soleil passait sous la porte quand il a ouvert les yeux ce matin au terme d'une nuit longue mais sans véritable sommeil, agitée, peuplée de rêves bruyants qui n'ont ni queue ni tête, de rêves qui ne laissent qu'un vague souvenir de mouvement incessant, de va-et-vient semi-conscients entre l'endormissement et l'état de veille – une nuit qui ressemble à un long évanouissement. Ses membres, alourdis par la fatigue des interminables mois de voyage, nécessiteraient encore une semaine d'immobilisation complète pour que les muscles reconstituent leurs cellules, mais l'excitation de la journée qui arrive prend le dessus. Il s'est levé et a marché en chaussons jusqu'à un pot de faïence qu'il a saisi pour l'utiliser avant de revenir vers son lit en jetant au passage un vague coup d'œil à la chambre qu'il n'a pas eu le temps de contempler la veille tant la fatigue l'accablait. Elle ressemble à n'importe quelle chambre d'hôtel. Le lit de Fontaine est défait. La place est vide. Il est resté un bon moment immobile, assis sur le bord de son lit à se remémorer les riches surprises du voyage depuis le départ d'Angleterre, toutes ces rencontres inopinées, ces épreuves endurées qui auront fini par conduire au but escompté. Il n'avait aucune idée de l'heure mais s'en remettait à Fontaine qui viendrait à point lui dire qu'il est temps de partir. À aucun instant il ne s'est demandé où elle avait pu passer. Il est plus calme qu'il ne le pensait. La satisfaction qui l'envahit est telle qu'elle ne fait pas de bruit, c'est celle d'un homme qui a atteint l'objectif de toute sa vie et savoure sa gloire avec le détachement qu'il a fallu pour en arriver là, patiemment, sans débordement. Il va empocher le pactole et revenir chez lui en disant qu'il a trouvé Païtiti.

Fontaine est descendue se promener très tôt dans le jardin autour de l'hôtel ; le soleil n'était pas encore levé mais le ciel clair permettait de voir très nettement les arbustes, le mur délimitant le jardin, les étroites allées de graviers. À une journée du départ, elle voulait faire un point sur ses sentiments. Un banc de pierre l'a accueillie au hasard d'une boucle de l'allée et elle s'est assise pour regarder le soleil monter dans le ciel. L'hôtel a été construit sur une colline d'où l'on a une belle vue sur la campagne environnante. Elle est rentrée quelques minutes plus tard et a commandé un petit déjeuner complet aux grains de maïs soufflés qu'on lui a apporté dans une coupelle et posé devant sa porte. Elle prenait un bain à l'étage des soins et le commis qui remplace le réceptionniste aujourd'hui n'a pas osé entrer. C'est toute une histoire quand on prend un bain. Il faut acheminer l'eau par un système de pompe dans un circuit d'irrigation artificielle élaboré depuis les bassins de retenue d'eau situés au nord de la ville, avant de mettre l'eau à bouillir sur du feu dans une bassine distincte de la baignoire d'eau froide que l'on réchauffera régulièrement par un transvasement d'eau chaude dans l'eau froide. Fontaine est en pleine forme. Elle pourrait repartir pour un tour du monde dans l'heure. Quand elle est revenue de sa toilette, Belalcazar s'était recouché et c'est avec deux heures de retard qu'ils ont rejoint Géo au lieu de rendez-vous pour s'emparer du trésor.

# 54.

Il est presque midi quand ils arrivent au temple ; le soleil est déjà haut. Une foule joyeuse s'étire devant les hautes portes jusque dans les rues et les quartiers voisins, venue chercher sa part du gâteau. La queue est longue, repliée sur elle-même par un jeu de couloirs en accordéon que matérialisent au sol des bandes adhésives orange rayées de noir ; des flèches indiquent le sens de la queue. Les hommes et femmes qui la composent sont plutôt de bonne humeur. À chaque minute, par un refrain constitué de onze notes jouées sur une suite crescendo, des trompettes annoncent la présence officielle du cortège impérial car on est samedi ; trônant majestueusement sur une litière d'or et d'argent portée par des hommes vêtus de bleu, l'Inca et son épouse accueillent les visiteurs qui ont trépigné trois heures avant d'entrer, sont un peu lassés mais le sourire est là, c'est déjà ça. Ceux qui sont encore dans la queue patientent en regardant le spectacle acrobatique d'un danseur en pagne accompagné d'un autre danseur en pagne ; ils s'adonnent à la danse traditionnelle du chuncho : avec une braise dans la main, ils tournent sur eux-mêmes, posent la braise sur un chiffon humide et brandissent un croissant de lune en carton, moins chaud, à tout le moins ce qui ressemble à un croissant de lune. Nos trois chercheurs d'or entrent en sautant la queue, Géo possède un passe prioritaire leur épargnant des heures d'ennui et à nous plusieurs pages de description d'une file d'attente – même si trois heures de queue peuvent se résumer en une phrase. Ça jase pas mal dans les rangs pendant quelques minutes, oh dis donc ils sont gonflés ceux-là, non mais regarde, pince-moi je rêve. Ils suivent un couloir à claire-voie jusqu'à une tour de guet, descendent un escalier humide en colimaçon, traversent un pont-levis abaissé qui enjambe d'obscures douves, se retrouvent dans un cloître, sillonnent une galerie à colonnes qui entoure un jardinet carré où s'abreuve à une mare un lapin albinos, débouchent sur une cour dont un des murs d'enceinte est percé de meurtrières, et là se présentent porte B, perron jaune. Un commissaire divisionnaire du département des Jeux, assorti d'un huissier de justice, leur demande de se rendre au bureau D. Ils y signent une déposition sous l'insistance d'un préposé aux décharges publiques comme quoi l'administration décline toute responsabilité en cas d'accident survenu dans la salle du trésor ; ils sont d'accord, ils n'ont qu'à signer là. Ils rentrent dans la salle munis d'un sac d'une contenance de trente litres fourni à l'accueil et d'un ticket de passage à conserver en cas de sortie temporaire. Le sac est renouvelable sur simple demande aux hôtesses réparties à chaque coin.

L'endroit est conforme à ce qu'on a dit ; Belalcazar sent tomber sur lui la lumière spécifique et il va mieux. Il allait déjà bien mais il se sent du coup encore mieux. La chaleur vous prend dans les tripes, elle diffuse en vous des vagues de morphine qui allègent le corps et l'esprit ; la lumière pénètre par les yeux et dessert chaque gare de chaque organe qu'elle inonde de réconfort. Grande comme un gymnase, la salle du trésor est juste un peu bruyante.

Belalcazar ne se sert pas tout de suite, il prolonge le plaisir de se dire que le meilleur est à venir, et ce plaisir d'attente est presque plus intense que celui de sa consommation. Il fait le tour des étals lentement, de cette démarche paresseuse que l'on peut avoir sur le bord d'une piscine en été quand on marche pieds nus sur la dalle brûlante, serviette à l'épaule, regard balayeur et décontracté ; il observe les gens qui se servent aux rayonnages d'or ; il essaye de son côté de ne pas s'approcher de la marchandise, pas encore, de ne pas la toucher, de ne pas la caresser comme il aimerait d'abord, l'étape viendra plus tard, il sait qu'elle ouvrira les vannes d'un désir compulsif à vouloir s'emparer de l'or dans sa totalité et il préfère retarder ce moment ; ce n'est pas tous les jours qu'on peut se promener dans une salle du trésor en toute liberté. Les visiteurs viennent en famille avec ou sans poussette, certains ont mis l'or dans la poussette et portent les enfants, d'autres ont des enfants et pas de poussette, ou une poussette et pas d'enfant ; ils y passent la journée, cassant la croûte dans un espace détente aménagé près des vitres, agrémenté d'un toboggan en forme de girafe pour les enfants et d'un atelier dessin gratuit ; tout en mastiquant ils surveillent leurs enfants du coin de l'œil, contemplent l'or poussant dans les allées comme ils observeraient un beau coucher de soleil ou une étendue d'eau salée.

Belalcazar laisse filer la poudre entre ses doigts, en garde une bonne partie dans sa paume, approche l'œil, renifle en évaluant la provenance, goûte du bout des lèvres, tapote sa langue contre le palais, avale, sniffe, affirme que c'est de la bonne. Il reste ensuite un long moment immobile, penché au-dessus d'un sac vide, se faisant la remarque que le stock est sûrement réapprovisionné régulièrement car les rayons ne désemplissent pas malgré l'affluence record et c'est vrai que les gens se servent, oh là là, ça file à une vitesse ;

des manutentionnaires se frayent un passage entre les piétons avec des caisses remplies de nouveaux produits. Et ça le prend tout d'un coup : il remplit trois sacs en une minute, dévalise un rayon, demande un caddie, puis un autre caddie, en moins d'une heure c'est une montagne d'or qu'il se fait livrer à son hôtel dans des sacs. Ses mains tremblent. Sa langue pend. Il remplit trois autres sacs, dévalise un rayon, demande un autre caddie, puis encore un autre caddie, en moins de deux heures c'est deux montagnes d'or qu'il se fait livrer à son hôtel dans des sacs. Comme ce serait idiot d'en rester là après toutes ces années à attendre, il remplit trois derniers sacs, dévalise un rayon, demande un autre caddie, puis encore un autre caddie, en moins de trois heures c'est trois montagnes d'or qu'il se fait livrer à son hôtel dans des sacs. La livraison, offerte par la maison, s'effectue en deux voyages de trois voitures chacun. Au terme de quoi – il est presque quatre heures – Géo propose de marquer une pause avant de revenir en fin de journée et d'aller déjeuner tranquillement au jardin d'Inti Raymi. Ce serait bête de ne pas profiter du beau temps.

Le jardin est ce qui se fait de plus frais et de plus tranquille dans la ville ; réparti sur deux niveaux de promenade, il offre un assortiment appréciable d'arbres rares, remarquables ou ordinaires – entendons par ordinaire l'état de ce qui n'est pas remarquable c'est-à-dire, qualifiant un végétal, d'un âge inférieur à deux cents ans : des arbres au feuillage vert clair, vert foncé, caduc ou persistant, choisis selon l'espèce pour la couleur de son écorce, la nature de sa floraison, la forme du tronc ou l'enroulement des branches sur elles-mêmes dans le cas de certains chênes, voire pour sa capacité à s'adapter à n'importe quel type de terre et de climat ; réunis en bosquets ou s'épanouissant seuls au milieu d'un parterre d'herbe interdite, ils se distinguent tous nettement du reste du groupe grâce au savoir-faire d'un paysagiste avisé qui aura eu soin de regrouper les arbres selon leur diversité de façon que chaque arbre mette en valeur l'apparence différente de son voisin et que le paysage artificiellement créé réveille l'œil, active la contemplation du promeneur, ainsi de ce tulipier de Virginie vieux de trois cents ans, de ce cèdre des montagnes haut et imposant, de cet assortiment cocasse de bouleaux, de sassafras et d'hamamélis rangés entre des massifs de corylopsis, de ces magnolias à grandes feuilles, paulownias à feuilles plus grandes encore, pommiers sauvages, sureaux noirs, boules de buis, cet hêtre pleureur romantique et rond poussant contre un pin parasol maigre. Géo, montrant du doigt certains de ces arbres et d'autres que nous sautons, dit être particulièrement sensible dans ce jardin aux parfums de narcisse et de jacinthe. Ses compagnons ont beau essayer de sentir, ils ne sentent rien. C'est plutôt l'odeur du jambon qui leur vient au nez : Géo a déballé le pique-nique au pied d'un mûrier blanc et se ravise aussitôt à cause d'une colonie de fourmis qui s'y est installée ; nous serons mieux à l'ombre de ce robinier courbé, là. Le robinier courbé s'expose à une cinquantaine de mètres du mûrier blanc ; au cours de ce déplacement Fontaine sent une odeur de fleurs qui pourrait bien être celle des jacinthes mais elle ne voit pas exactement quelle est l'odeur d'une jacinthe, toutefois elle sent l'odeur des fleurs et fait part de sa découverte à Géo en sous-entendant par là que, si elle sent l'odeur des fleurs, c'est qu'elle devrait pouvoir sentir l'odeur des narcisses et des jacinthes s'il y en a.

Le pique-nique est constitué d'un pain que l'on partage en trois, avec tranches de jambon et fromage de brebis à mettre ou pas dans le pain, c'est comme on veut, sans oublier l'eau en bouteille. On peut manger le fromage à part, enrouler le jambon sur lui-même et le croquer comme une carotte, finir par le pain ou commencer par le pain. Fontaine est enchantée, les lieux sont magnifiques, elle trouve aussi que le repas est simple mais ça ira très bien, bravo Géo, vous êtes un guide épatant. Elle s'est assise à côté de Belalcazar, le plus près possible de lui pour ne pas s'épargner le plaisir de sentir sa hanche contre sa hanche, ses fesses contre ses fesses, éventuellement poser sa main sur un de ses genoux ; à présent elle n'hésite plus, elle ouvre la voie, affiche clairement son attirance par un comportement tactile et insistant. Belalcazar est encore sous le choc. Il aimerait y retourner le plus vite possible après le pique-nique. Il est inquiet pour le transport. Comment vont-ils bien pouvoir rapporter tous ces sacs ? Où les entreposera-t-il à son retour en Angleterre ? Ces questions lui gâchent un peu son plaisir.

– Le pain vient de la croûte du soleil et l'eau des larmes des étoiles, explique Géo avant de se mettre à genoux et de commencer à offrir le repas aux dieux en lançant des morceaux de jambon en l'air qu'il va chercher dans la seconde suivante à quatre pattes et ramasse avec sa bouche, recrache, ramasse, recrache.

– Pachamama, déesse de la terre, sois bonne pour nous ; continue de faire pousser nos tubercules.

Le rituel n'a pas l'air d'étonner les passants oisifs du parc qui s'y collent probablement aussi avant chaque repas. Il se verse de l'eau sur la tête, s'ébroue, vide la bouteille complètement :

– Féconde la terre, bois ces quelques gouttes.

Géo dit qu'une dérogation à la règle des incantations entraînerait le courroux des dieux, mieux vaut ne pas chercher les dieux dans ces régions-là, on compte sur eux pour faire pousser les fruits, manger, boire, dormir et vivre tranquillement.

L'après-midi se prolonge par une visite aux ateliers de tissage, vite fait car on est pressés. Géo tenait à ce qu'ils assistent au spectacle typique et incontournable du pays : les femmes tissent de la laine sous vos yeux, c'est génial, vous ne pouvez pas rater ça (il proposait un large choix d'activités pour cette fin d'après-midi parmi lesquelles promenade dans une barque à fond transparent sur un marais d'eau claire, plongée sous-marine, parachute ascensionnel, descente en rafting ou survol de la ville en paramoteur ; en bon guide, il avait même prévu de quoi s'occuper en cas de pluie).

Les femmes utilisent un métier à ceinture accroché à un arbre ou à un pieu de bois enfoncé dans le sol. Une fois les fils de laine tendus, elles passent la navette remplie de laine et forment la trame qu'elles resserrent au moyen d'un sabre de bois. Avant de la tisser pour faire des manteaux, des broderies, des bonnets et des pagnes, elles filent la laine à l'aide d'un bâton pourvu d'une pierre ; le bâton, très maniable, offre la possibilité de filer en marchant, de filer en courant, ce que ne tardent pas à faire nos visiteurs qui trouvent cela fort beau et bien gentil mais bon, ils aimeraient récupérer encore un peu d'or avant la fermeture. Ils louent les services d'une autruche censée courir plus vite que les lions et se perdent dans le dédale des rues à angle droit qui strient le vieux quartier ; Géo n'a jamais pu s'y retrouver dans ce quartier-là : avec toutes ces ruelles qui se ressemblent, s'assemblent, débouchent sur de nouvelles ruelles, reviennent à la ruelle de départ, il ne sait plus où il en est, il perd le sens de l'orientation. Un paysan étale des légumes sur le toit d'une maison pour les sécher au soleil et leur indique la sortie du labyrinthe, ils sont alors soufflés par la beauté du paysage : sur des versants abrupts s'échelonnent des cultures en terrasses jusqu'au fond de la vallée ; les sommets des montagnes hérissent leurs pointes sur l'horizon et Géo, inspiré, fait la comparaison avec ce qui ressemblerait à des vagues gigantesques et infinies, pétrifiées dans leur mouvement par un dieu souverain. Une femme est là, à trente toises, qui porte un bébé dans son dos ; elle fauche la terre, arrache des pommes de terre, et le bébé, soutenu par une étole passée en bandoulière autour de la maman, ne se réveille pas. Le soleil est en train de se coucher, dans le ciel encore clair apparaît la première étoile. Géo demande son chemin poliment. Mes fils pourraient mieux vous renseigner, répond-elle ; je quitte rarement mon champ ; malheureusement ils ont sorti les bêtes et gardent le troupeau sur les plateaux d'altitude.

Le champ est bien entretenu, des arbres à fruits poussent dans la pente. Il se pourrait que Géo vienne s'installer ici plus tard, fonder une famille, il y pense à cet instant. Oui, il serait bien. Il imagine alors à quoi ressemblerait la femme de sa vie, quel serait son prénom, le projet qu'ils auraient de ne jamais se quitter, d'être unis jusqu'à la mort pour le meilleur et pas pour le pire, de ne jamais se disputer, car il y croit : le vrai amour c'est de ne jamais se disputer, on se regarde et on se dit je t'aime, moi aussi je t'aime, non moi plus que toi, oh qu'est-ce que nous nous aimons. Les difficultés de l'existence ne viennent pas à bout du cocon de coton résistant. Le bébé se réveille et commence à brailler. Une autre femme lui propose de suivre la voie royale qui part juste derrière, elle vous emmène directement aux avenues principales, impossible de vous perdre. Mais la voie royale a été endommagée par les pluies ; en cours de restauration, elle emploie ceux qui doivent un impôt à l'empereur. Une déviation l'éloigne de son chemin et le groupe se perd de nouveau. Un adolescent récoltant des peaux de bananes dans une poubelle dont il fera des tisanes le dirige plus bas, et les voilà dans le quartier des bains : de splendides femmes nues se baignent dans des cascades amenées naturellement dans la pierre ; les buissons sont en fleur ; les filles bronzées à souhait sous les cocotiers ressemblent à des grains de café. Grandes, petites, jeunes, moins jeunes, il y en a pour tous les goûts ; c'est peut-être ici que Géo devrait commencer à chercher.

Quand Belalcazar rejoint le trésor, la salle est en train de fermer mais le personnel est conciliant : Belalcazar garde un jeu de clés, il n'aura qu'à les glisser sous la porte en partant.

# 55.

Belalcazar est sacrément buté : on ne peut pas dire que Fontaine rechigne en avances explicites, démonstrations d'affection, gentillesses glissées sur un coin d'oreiller pendant le déjeuner, en promenade, dans la chambre à coucher, phrases ourlées de double sens visant à lui faire entendre qu'une vie à deux est toujours plus recommandable qu'une vie en solitaire ; lui est tout entier à autre chose, il se dit en voyant la place disponible sous le lit pour bourrer encore des sacs qu'il aurait pu retourner dans la salle du trésor ce matin ; l'évier contiendrait même deux ou trois sacs de plus en serrant bien ; par contre le reste a tout l'air d'être plein.

Le niveau du plancher est d'abord monté d'un bon mètre avec la première livraison de sacs – dont l'apparence ainsi que le peu de réserve qu'on a mis à les balancer dans la chambre font penser à de vulgaires sacs de pommes de terre. Très vite, à mesure que les sacs se sont amassés et ont rempli l'espace en hauteur, en longueur et en profondeur, donnant à la chambre l'allure d'une forteresse de guerre parée contre les tirs, au lieu d'étaler tous les sacs sur le sol et de marcher dessus au risque de se cogner la tête contre le plafond qui se serait rapproché dangereusement, aurait obligé à ramper pour se déplacer d'un coin à l'autre de la pièce, Belalcazar a préféré faire élever des murets jusqu'au plafond sans laisser d'espace libre et ouvrir un couloir de la largeur d'un corps normal qui permet d'aller et venir de la porte à la fenêtre en desservant le bout du lit et un profil du lavabo. Des employés du temple étaient là pour l'aider.

C'est le jour du départ. Géo attend devant la porte de l'hôtel pour emmener ses clients au hall des départs. Il avait pensé leur faire cadeau d'un cageot de pommes jaunes que sa grand-mère ramasse tous les dimanches matin mais Belalcazar et Fontaine sont suffisamment chargés ; les pommes ou l'or, il faut choisir. Le départ aura lieu par une porte à l'autre bout de la ville. Il faut bien compter une demi-heure pour la traverser ; en partant maintenant on devrait être à l'heure. Problème : Belalcazar ne veut plus partir. Ça lui a pris pendant la nuit. Il est planté au milieu de la chambre et répète qu'il ne veut pas partir, non, il ne bougera pas d'ici.

– Dans cette ville, confie-t-il à Fontaine, je suis dans mon élément. Les gens sont gentils, chaque chose est à sa place, tout est propre, ordonné. Je me sens apaisé. En habitant ici, je peux aller chercher l'or plusieurs fois par jour avant la sieste, après la sieste ; j'en rapporte un peu plus à chaque fois, je le stocke dans des étagères à moi, dans une maison à moi, une maison en or avec des étagères en or, plus belles et plus personnelles que celles du temple, c'est ma promenade quotidienne, mon but de la journée. Nous pouvons enfin nous reposer puisque j'ai à ma disposition ce que je cherche depuis toujours. J'arrête de courir. Je m'occupe de toi. Nous allons à la plage, il n'y a pas de plage, je fais construire une plage. Tous les rêves sont possibles quand on est riche. L'air sera gorgé d'or, il y aura des pains en or, de l'eau en or, des oiseaux en or, des crèmes hypoallergéniques en or, des sentiments en or. L'or nous rendra immortels. Amoureux pour toujours. Je te confectionnerai des robes. L'or en Bourse nous rapportera plus d'or encore que l'or du temple, mon argent triplera son solde dans des livrets d'épargne à taux en or, j'achèterai le village entier. C'est inimaginable mais bien réel ici.

Fontaine lui rétorque que rien de tout cela n'est possible car tous les habitants de Païtiti sont riches et donc que personne n'est riche à Païtiti ; la grande vie dont il parle n'intéresse que lui :

– De tels projets te rendraient le plus pauvre d'entre eux. La richesse vient de ce qui est rare. Pour toi la richesse a été de venir jusqu'ici. Pour eux la richesse est de continuer à faire fructifier la terre en respectant les dieux, en répandant autour d'eux le sentiment de paix, afin que perdure la cité de Païtiti. Cet or dont tu parles n'a de valeur qu'à l'extérieur d'ici. Il faut donc partir si tu veux être riche, quitter l'harmonie pour la cacophonie.

Belalcazar n'en démord pas : il veut rester. Toute logique est anéantie dans son esprit et, quand bien même il aurait compris le paradoxe, il voit bien que c'est ici qu'il y a de l'or et pas ailleurs, de l'or en quantité phénoménale, éblouissante ; l'homme ne croit que ce qu'il voit.

Fontaine a senti le coup venir dès le début du séjour. Sur les conseils de Géo, elle est retournée à l'office du tourisme ; la dame, qui avait été un peu froide la première fois, a été rassurante en disant qu'un prolongement était envisageable, que le prolongement pouvait être renouvelable et donner lieu à la naturalisation franche et complète du prolongé. Fontaine en touche deux mots à Belalcazar dont l'extase subséquente à l'annonce de la nouvelle l'amène à rester immobile pendant une minute puis à s'évanouir. Les jours passant et la liberté grandissant, il puise toujours plus d'or au temple. On change de chambre pour dormir. La nouvelle chambre est à son tour investie par l'or et au bout d'une semaine c'est l'hôtel entier qui est réquisitionné. Le réceptionniste prévient son patron qui prévient son gérant qui prévient le propriétaire de l'hôtel qui engage une procédure d'expulsion. L'or déborde dans la rue, tombe des fenêtres. En fin de deuxième semaine c'est toute la rue qui en est recouverte et la propreté de Païtiti est en péril. Les agents d'entretien se plaignent. Des employés de la salle du trésor attestent que Belalcazar s'en serait pris à un client dont les dents seraient en or. Il est de plus en plus fou ; il n'y a pas d'asile d'aliénés puisque ici tout va bien, personne n'est fou. Fontaine est convoquée en début de troisième semaine. La dame de l'office du tourisme est moins rassurante, elle est même un peu menaçante, elle lui conseille de partir au plus vite si elle veut que cessent les poursuites judiciaires à leur encontre, les pétitions, les protestations de toutes sortes qui naissent chaque jour. Fontaine ne souhaite que cela, elle se serait même passée de venir. Mais Belalcazar se résoudra-t-il jamais à quitter cette ville ? Vous lui avez fait goûter à une ivresse dont il n'aura que trop de mal à se priver, dit-elle. La dame comprend, à tout le moins fait croire qu'elle comprend en disant oui, je vois bien. Elle lui parle alors d'une équipe dont c'est le travail de pousser les gens à partir :

– On les appelle les pousseurs. Ils pousseront votre mari vers la sortie.

Fontaine n'a pas osé dire que ce n'était pas son mari.

*

Pousser : c'est assez simple comme travail. Vous cueillez l'intéressé au pied de son hôtel, vous le faites monter dans votre véhicule qui dispose de tout ce qu'il faut pour contenir l'or (plusieurs véhicules peuvent être réquisitionnés si la place vient à manquer) et vous conduisez le tout vers la sortie. Le chercheur d'or qui ne voulait pas partir n'a plus de raison de ne plus vouloir partir puisqu'il part sans s'en rendre compte, porté par les services d'une équipe bien huilée qui a l'art de s'occuper de vous et de vous faire oublier tous vos soucis. Parfois le chercheur d'or qui ne veut pas partir ne veut vraiment pas partir et alors il faut utiliser la contrainte : Malabar est là, grand et fort comme un catcheur américain ; il ligote le perturbateur avec un crin de cheval ou le tient entre ses bras en évitant de se prendre un coup dans les genoux à cause des jambes qui gigotent, et le dépose devant la sortie. Dans ce cas-là l'équipe est aux aguets, ne se déplaçant qu'en banc serré, attentive aux moindres postes stratégiques d'où un danger peut survenir : il n'y a pas de fumée sans feu. Ils disposent des seules armes autorisées dans la ville : armes contondantes telles que frondes ou casse-tête avec masse et pointes sur la masse dont ils menacent le premier qui leur cherche des noises, même en dehors des heures de bureau, ils sont comme ça. La caractéristique des pousseurs est de pousser un peu, d'en faire trop, d'activer la sirène à chaque déplacement, de lancer des regards de tueurs aux passants, de se prendre pour les caïds des boulevards. Dans une ville plus agitée, les pousseurs eussent été gendarmes, CRS. Ici, il ne se passe jamais rien, tout le monde est bon et fait les choses comme il faut. Et ça les pousseurs n'aiment pas. C'est d'ailleurs pour cette raison qu'ils ont été admis comme pousseurs : ils sont les seuls à pouvoir supporter l'idée de s'approcher de la sortie, personne d'autre ne supporte la perspective de quitter ce paradis.

L'équipe des pousseurs est une équipe mal en vue de Païtiti qui fricote avec la reine et partage son opposition à l'empereur. La reine veut instaurer une monarchie et s'entoure des pousseurs pour y arriver, comptant sur eux pour pousser le pouvoir à la chute, pousser les citoyens à se remettre en question, pousser la question de la liberté dans ses retranchements : est-ce que la liberté n'est pas de déroger à la loi de la perfection et du bonheur total en s'octroyant le droit de penser de travers et de vouloir être malheureux ? Dans quelques jours les adeptes de cette secte s'adonneront à la fête du Soleil, où la reine, avec sa queue de kangourou, des bois sur la tête et un nain lui portant l'ombrage d'une ombrelle à long manche, s'accouplera en public avec le soleil au zénith sur la place de l'Hôtel de Ville. L'équipe y assurera le travail de pousseur mais dans le sens de maintien de l'ordre.

Quinoa est le chef des pousseurs. Depuis deux jours il essaye d'arrêter de boire et il est un peu de mauvaise humeur. Il essaye tous les jours d'arrêter de boire mais, comme il n'arrête pas de fumer car il ignore que fumer nuit gravement à la santé et à celle de son entourage et que la fumée appelle l'alcool, il boit. S'il arrête de fumer pour arrêter de boire il est bien obligé de se remplir la gorge d'une manière ou d'une autre ; il boit de l'eau, l'eau lui rappelle qu'un verre de bière est bien meilleur, il boit de la bière. Mais les gars ne sont pas plus méchants qu'une mouche, c est seulement qu'ils mènent une existence de patachon, vivant la nuit, dormant le jour depuis suffisamment longtemps pour que l'horloge interne soit bousillée, le teint de flan gravé à jamais sur la face et les yeux munis d'une poche kangourou fripée. Tout ce qu'ils font, ils le font avec de l'alcool dans le sang.

Ce soir-là, quand ils prennent connaissance de leur mission, ils sont assis autour de la table dans une salle étroite située à l'arrière du bar Los Empletas tenu par Mayuca et sa famille depuis trois générations et qui passe sous silence ce genre de réunions hebdomadaires, moyennant quelques menus services en nature. Un simple rideau de cordelettes en jonc sépare la pièce du reste du bar, et Quinoa, de sa place, peut observer les allées et venues des clients, fort rares à cette heure avancée de la nuit. Partout dans la ville, les torches se sont allumées et des feux brûlent devant les portes. Ce n'est pas tant la fumée de cigarette qui gêne Yupanki que la façon dont son chef Quinoa fume sans avoir l'air d'y toucher, faisant passer son clope de main en main aux différents convives assis autour de la table, y compris ceux qui ne fument pas mais tirent une latte quand même, pour faire plaisir à leur chef, avancent un doigt, pincent le fin morceau de chanvre roulé entre deux doigts maladroits, l'approchent de leurs lèvres, aspirent sous l'œil allumé de l'incitateur attentif aux formes que la fumée expirée va donner en se répandant sous la lampe du plafond à combustion lente de crottin de lama qui jette sur la scène une lueur bleue trapézoïdale n'illuminant que le haut des crânes et le bout des nez, où elle se répand comme une vague vers la source lumineuse en spires compliquées et libres, dans lesquelles Quinoa a le don de lire l'avenir, persuadé qu'il est qu'un génie habite à l'intérieur des cigarettes et se libère quand on les fume, cela n'étant pas si faux car à bien y regarder il semblerait que le portrait de Belalcazar apparaisse.

Toaca, à l'autre bout de la table, est littéralement collé à son dessin, les cheveux balayant la surface de la feuille; il reproduit au fusain sur un carnet de peintre ce qu'il voit, à tout le moins ce qu'il a vu la dernière fois que sa tête était levée et que d'un souffle habile propulsé vers son front grâce à l'avancée de sa lèvre inférieure il a pu chasser les cheveux de ses yeux et les coiffer sur son crâne en deux rangées parfaitement symétriques, raie au milieu, nette; il se dépêche car les formes ne durent pas, elles se dissipent très rapidement, le portrait-robot s'effectue la plupart du temps de mémoire. La feuille, une fois le dessin terminé, glisse vers Quinoa, qui soulève ses lunettes de soleil en verre de bouteille dépoli et sourit: c'est bien ce qu'il pensait. La déesse de la lune est avec lui. Il ne nous échappera pas, dit-il. Puis, se retournant sur sa chaise pour perforer le haut de la feuille dans un clou en os fixé au mur en brique de boue séchée derrière lui, il baragouine quelque chose comme ça servira de cible pour les fléchettes, et la proposition amène une pétarade de petits rires aigus et de coups de coude complices dans l'assemblée.

Ils sont six. Yupanki est assis à la droite de son chef

Apo est à l'autre bout, près de Toaca. Il y a aussi Malabar et Chasquis ; tous silencieux. Yupanki jette les dés, se fait déplumer joliment. Il porte l'habit traditionnel des guerriers incas : collant de coton une pièce rembourré de mousse, très serré partout mais respirant, préalablement trempé dans l'eau salée pour lui donner une certaine rigidité et en faire une excellente armure capable d'arrêter une flèche ou un dard. Toute la longueur des bras est décorée de magnifiques plumes de perroquet, multicolores, et de quetzal, vertes ; elles valent très cher et il est en train de les perdre au jeu. Apo porte la même tunique sans les plumes, avec un bouclier en plus. Le bouclier est en osier, ne sert jamais, ce qui n'est pas le cas du casque de Chasquis, en forme de bec de condor, obligatoire dans sa profession de messager vu tous les kilomètres qu'il parcourt chaque jour et les dangers auxquels il s'expose, ponts, grottes, tunnels dans le roc, barrières à sauter, pierres qui roulent ne ramassent pas foule. Sa combinaison est en peau de léopard et lui permet de courir longtemps et bien, sans transpirer, parfois jusqu'à Lima d'où il rapporte du poisson frais régulièrement et quelques lettres en recommandé. Il n'enlève ni le casque ni la combinaison, jamais. Même pour dormir. De toute façon il dort très peu, court tout le temps. Ses sandales sont en cuir, d'un cuir commun que portent à peu près tous les habitants de la ville sauf

Quinoa qui ne fait jamais comme tout le monde et préfère le cuir rare des bottines d'alpaga.

Une pomme de terre abritée dans une niche en bois est posée au milieu de la table ; elle veille sur les hommes parce que c'est une pomme de terre sacrée en forme d'étoile à quatre pointes qui rappellent les deux bras et les deux jambes d'un corps humain. À même le sol de terre battue, la femme de Mayuca cuisine dans la pièce voisine autour d'un fourneau de pierre. Il y a aussi un brasero décoré de motifs belliqueux dont elle ne se sert pas pour le moment. Le fumet de la soupe du soir laisse s'envoler son odeur de viande et de haricots cuits jusqu'aux agents qui commencent à avoir faim. En attendant que la cuisine soit prête – du guanaco farci, du ragoût de haricots en grains et ses olives noires –, ils jouent aux dés avec des fèves de cacao. La femme de Mayuca se prénomme Sheila. Elle est menue. Elle leur a servi de la chicha dans des gobelets en bois ; la chicha est une bière locale au maïs que la petite femme prépare à merveille et conserve dans des tonneaux de trois cents litres dotés d'un robinet au trou du fût sous lequel on place sa cruche. La seule chose que les agents présents n'aiment pas dans la chicha, c'est le maïs, justement, ils en ont un peu marre du maïs, tout est prétexte au maïs ici, et à force le maïs provoque quelques désagréments laxatifs. On fait donc passer une coupelle de cacahuètes sur la table en vue d'en tapisser une couche bien compacte sur l'estomac.

Il est deux heures du matin. Une femme aux seins lourds fend le rideau et entre dans la pièce, visant Quinoa du doigt qui n'attendait plus qu'elle. C'est Mamacuna. Elle porte des boucles d'oreilles en or, une tunique légère échancrée aux cuisses et un coquillage rare autour du cou. Un lit de camp est déplié dans un coin. Quinoa y va le premier, tassé dans les bras de la femme. Le dernier à passer sortira du bar au petit matin.

# 56.

Quand Quinoa rejoint l'hôtel du Condor au volant de sa carriole-benne en ce dimanche matin radieux pour cueillir Belalcazar au saut du lit, le soleil cogne déjà fort, et avec tout l'alcool qu'il a bu cette nuit ça fait l'effet de deux, voire trois soleils sur la tête. Des types comme Belalcazar, il en a vu des centaines. Il se demande ce qu'ils ont à vouloir rester ici, et ce que ça peut leur faire tout cet or. Lui rêve d'une société moins harmonieuse, d'une civilisation moins riche, d'un brassage ethnique et culturel, d'une vie ponctuée d'ententes et de désaccords, de révolutions et de trêves. Il pense que la vérité se conquiert dans l'adversité, on ne peut se bâtir que sur des ruines, il faut détruire pour construire, c'est dans la difficulté que l'homme se dépasse, existe vraiment. Il sait qu'un tel pays doit exister quelque part. Un jour il partira lui aussi en quête de l'autre monde. Pour l'instant la reine compte sur ses idéaux pour métamorphoser Païtiti.

Il est suivi par deux autres carrioles au volant desquelles se trouvent Yupanki et Apo. Un convoi a été préparé pour acheminer l'or : trois carrioles-bennes tirées par des chevaux de trait.

L'or est jeté par les fenêtres dans les bennes ; en s'y mettant à plusieurs le remplissage des bennes et le vidage de la première chambre ne prennent pas plus de dix minutes, ainsi de la deuxième, puis de la troisième. On ne fait pas tout l'hôtel, c'est assez d'or comme cela. Chacun y met du sien ; le système de la chaîne fonctionne à merveille grâce au principe tayloriste qui veut qu'un employé se spécialisant à une même tâche augmente sa rapidité d'exécution et donc le rendement de toute la chaîne. Belalcazar pleure mais n'offre aucune résistance à Malabar qui le suit de près, fait planer l'ombre de ses muscles et son sens du combat sur ses velléités : il le jettera dans la benne à la moindre incartade. À la station des départs, il y a encore le gorille des fouilles, l'enregistrement des bagages et la course aux achats de dernière minute : boîte de Toblerone, pendentif en souvenir, magazine people.

Les bennes ont été déchargées sur le ballast ; la compagnie de transports qui assure le voyage du retour ramasse les sacs, un cariste les étiquette avant de les envoyer dans le ventre de la bête, un gros wagon fermé et blindé qui se remplit bientôt complètement. Le train, plus gros que celui par lequel ils sont arrivés, ne comporte aucun passager : l'or prend toute la place. Des ceintures descendent sur la poitrine des deux usagers parce que ça va secouer. En effet, il semblerait que le départ soit aussitôt suivi d'une série de boucles et de loopings que l'on voit un peu plus loin.

Sur le quai l'orchestre de Diego joue une musique d'adieu. Sacré Diego. Qui sait si nous nous reverrons un jour ? Belalcazar hurle. Non, non, je ne veux pas partir. Fontaine retient une larme. La fin des vacances, c'est toujours un peu dur.

## 57.

Même bourré, Quinoa parvient à retrouver l'emplacement de la sortie. Ses collègues n'en reviennent toujours pas : l'homme a une capacité hors du commun à tenir l'alcool, lui-même dit qu'il est plus sobre quand il est bourré que quand il est sobre. Il perçoit mieux les choses.

Dans la salle du bar Los Empletas, exceptionnellement une nappe recouvre la table. Un chardon à fleur bleue glissé dans un pot tubulaire sans eau est posé au milieu, là où se trouvait la niche de pomme de terre de la veille, remisée à sa place originale au-dessus de la porte d'entrée du bar d'où elle veille sur la maison tout entière. Le comité fête le succès de la mission, en profitera pour parler de la suivante, celle qui concerne la sécurité du coït royal pendant la fête du Soleil.

Quinoa rit. Il est en train de raconter comment s'est passé le premier contact avec Belalcazar. Sheila prépare un mille-feuille de pintade aux girolles avec légumes de saison et croquant aux deux chocolats en dessert. La reine est là aussi. Belalcazar et Fontaine sont sur le chemin du retour. Ils se sont réveillés au pied des chutes où le pont s'était brisé, et Fontaine était toute contente de sentir le bras du capitaine sur elle. Ils ne se souviennent plus de rien. Un des points essentiels de la mission de Quinoa consistait à les faire passer obligatoirement par les bornes magnétiques qui effacent le souvenir de Païtiti. Hug-Gluq est avec eux et ils sont contents de se retrouver, ils se disent que Païtiti n'est pas loin, ils reviendront l'an prochain.

L'or est resté dans le train et sera remis à sa place. Ça s'est toujours passé comme cela avec les précédents explorateurs : ils viennent, on les accueille, ils prennent autant de sacs d'or qu'ils veulent. On les renvoie chez eux la mémoire courte et l'or est de retour au temple dans la semaine.

– Aussitôt après avoir pris connaissance de la mission, rapporte Quinoa, nous nous sommes introduits dans la chambre du couple pour le réveiller, croyant que l'heure du départ avait sonné. Il était en réalité quatre heures du matin. Nous avons grimpé l'escalier jusqu'à l'étage, ouvert la porte avec un double et là, alors que nous commencions à nous frayer un passage jusqu'aux lits parmi tous les sacs, on a entendu les ressorts. Les lits avaient été rapprochés et ils grinçaient. On n'a pas voulu les déranger. On est passés plus tard.

Même Malebosse a souri.

*Table*

PARTIE IV
PAÏTITI

RÉALISATION : PAO ÉDITIONS DU SEUIL
IMPRESSION : C P I FIRMIN-DIDOT À MESNIL-SUR-L'ESTRÉE
DÉPÔT LÉGAL : AOÛT 2008. N° 94576-4 (91897)
*Imprimé en France*